Г.П. Шалаева

CW01654994

Русско-английский словарик в картинках для начальной школы

АСТ · Слово
Москва

УДК 373:811.111'374
ББК 81.2Англ-4
Ш18

Vikram Alexander Tandon

Галина Петровна Шалаева

Печатается с разрешения издательства
ООО «Филологическое общество "СЛОВО"»

Шалаева, Галина Петровна

Ш18 Русско-английский словарик в картинках для начальной школы. — Москва: АСТ : СЛОВО, 2013. — 64 с.

ISBN 978-5-8123-0668-7 (СЛОВО)
ISBN 978-5-17-062986-2 (АСТ)

Словарь содержит обязательный минимум слов, необходимых для изучения школьной программы по иностранному языку. Материал выстроен по алфавитному принципу и снабжён русско-английской транскрипцией, что делает английский язык более доступным для изучения.

УДК 373:811.111'374
ББК 81.2Англ-4

6+

ISBN 978-5-8123-0668-7 (СЛОВО)
ISBN 978-5-17-062986-2 (АСТ)
ISBN 978-985-16-9153-7 (Харвест)

абажур	[ˈlæmpʃeɪd]	*(лэ́мпшэйд)*	**lampshade**
абрикос	[ˈeɪprɪkɔt]	*(э́йприкот)*	**apricot**
август	[ˈɔːgəst]	*(о́гэст)*	**August**
авокадо	[ˌævəuˈkaːdəu]	*(эвока́доу)*	**avocado**
автобус	[bʌs]	*(бас)*	**bus**
автобусная остановка	[ˈbʌsˌstɔp]	*(бас стоп)*	**bus stop**
автогонки	[ˈkaːˌreɪsɪz]	*(ка рэ́йсиз)*	**car races**
аист	[stɔːk]	*(сток)*	**stork**
аквариум	[əˈkweərɪəm]	*(эквэ́риэм)*	**aquarium**
акробат	[ˈækrəbæt]	*(э́крэбэт)*	**acrobat**
актёр	[ˈæktə]	*(э́кта)*	**actor**
актриса	[ˈæktrɪs]	*(э́ктрис)*	**actress**
акула	[ʃaːk]	*(щак)*	**shark**
ананас	[ˈpaɪnˌæpl]	*(пайнэ́пл)*	**pineapple**
английский	[ˈɪŋglɪʃ]	*(и́нглиш)*	**English**
антенна	[ænˈtenə]	*(энтэ́на)*	**antenna**
анютины глазки	[ˈpænzɪ]	*(пэ́нзи)*	**pansy**
апельсин	[ˈɔrɪnʤ]	*(о́ринджж)*	**orange**
апрель	[ˈeɪprəl]	*(э́йприл)*	**April**

аптека	['fa:məsɪ]	*(фа́мэси)*	**pharmacy**	
аптечка	['fə:st,eɪd'bɔks]	*(фёст эйд бокс)*	**first-aid box**	
арахис	['pi:nʌt]	*(пи́нат)*	**peanut**	
арбуз	['wɔ:tə,melən]	*(во́тэрмэлэн)*	**watermelon**	
арена	[ə'ri:nə]	*(эри́на)*	**arena**	
археолог	[,a:kɪ'ɔləʤɪst]	*(акио́лэджист)*	**archaeologist**	
архитектор	['a:kɪtəkt]	*(а́китэкт)*	**architect**	
бабочка	['bʌtəflaɪ]	*(ба́тэфлай)*	**butterfly**	
бабушка	['græn,mʌðə]	*(грэ́нмаза)*	**grandmother**	
бадминтон	['bædmɪntən]	*(бэ́дминтэн)*	**badminton**	
баклажан	['egpla:nt]	*(э́гплант)*	**eggplant**	
балкон	['bælkənɪ]	*(бэ́лкони)*	**balcony**	
банан	[bə'na:nə]	*(бэна́нэ)*	**banana**	
банк	[bæŋk]	*(бэнк)*	**bank**	
банка	[ʤa:]	*(джа)*	**jar**	
банкир	['bæŋkə]	*(бэ́нка)*	**banker**	
банный халат	['ba:θrəub]	*(ба́фроуб)*	**bathrobe**	
бант	[bəu]	*(бо́у)*	**bow**	
барабан	[drʌm]	*(драм)*	**drum**	

барсук	[ˈbæʤə]	*(бэ́джа)*	**badger**
баскетбол	[ˈba:skɪtbɔ:l]	*(ба́скитбол)*	**basketball**
батарея	[ˈreɪdɪeɪtə]	*(рэ́диэйта)*	**radiator**
бег	[reɪs]	*(рэйс)*	**race**
бедро	[hɪp]	*(хип)*	**hip**
бежевый	[beɪʒ]	*(бе́иж)*	**beige**
безымянный палец	[ˈrɪŋˈfɪŋgə]	*(ринг фи́нга)*	**ring finger**
бейсбол	[ˈbeɪsbɔ:l]	*(бэ́йсбол)*	**baseball**
белая смородина	[ˈwaɪtˈkʌrənts]	*(уа́йт ка́рэнтс)*	**white currants**
белка	[ˈskwɪrəl]	*(скуи́рэл)*	**squirrel**
белый	[waɪt]	*(уа́йт)*	**white**
белый гриб	[sep]	*(сэп)*	**cep**
белый медведь	[ˈpəuləˈbeə]	*(по́ула бэ́а)*	**polar bear**
бензин	[ˈpetrəl]	*(пэ́трол)*	**petrol**
бензоколонка	[ˈpetrəlˈsteɪʃn]	*(пэ́трол стэйшн)*	**petrol station**
берег	[ʃɔ:]	*(що)*	**shore**
берёза	[bə:ʧ]	*(бёч)*	**birch**
биатлон	[baɪˈæθlən]	*(байэ́флэн)*	**biathlon**
библиотека	[ˈlaɪbrərɪ]	*(ла́йбрэри)*	**library**

библиотекарь	[laɪˈbreərɪən]	*(лайбрэ́риан)*	**librarian**	
бильярд	[ˈbɪljədz]	*(би́лйедз)*	**billiards**	
близнецы	[twɪnz]	*(тви́нз)*	**twins**	
блин	[ˈpænkeɪk]	*(пэ́нкейк)*	**pancake**	
блокнот	[ˈnəutbuk]	*(но́утбук)*	**notebook**	
блондинка	[blɔnd]	*(блонд)*	**blond**	
блоха	[fli:]	*(фли)*	**flea**	
блузка	[blauz]	*(бла́уз)*	**blouse**	
блюдо	[dɪʃ]	*(диш)*	**dish**	
блюдце	[ˈsɔ:sə]	*(со́са)*	**saucer**	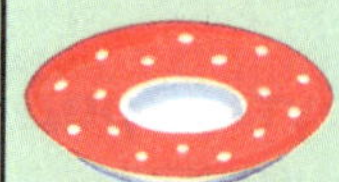
бобёр	[ˈbi:və]	*(би́ва)*	**beaver**	
бобслей	[ˈbɔbsleɪ]	*(бо́бслэй)*	**bobsleigh**	
божья коровка	[ˈleɪdɪbə:d]	*(лэ́йдибёд)*	**ladybird**	
бокс	[ˈbɔksɪŋ]	*(бо́ксинг)*	**boxing**	
больница	[ˈhɔspɪtl]	*(хо́спитл)*	**hospital**	
большой палец	[ˈgreɪtˈfɪŋgə]	*(грэйт фи́нга)*	**great finger**	
борода	[bɪəd]	*(би́ад)*	**beard**	
борьба	[ˈreslɪŋ]	*(рэ́слинг)*	**wrestling**	
ботинки	[ʃu:z]	*(щуз)*	**shoes**	
боулинг	[ˈbəulɪŋ]	*(бо́улинг)*	**bowling**	

брат	[ˈbrʌðə]	*(бра́за)*	**brother**
бритва	[ˈreɪzə]	*(рэ́йза)*	**razor**
бровь	[ˈaɪbrau]	*(а́йбрау)*	**eyebrow**
брюки	[ˈtrauzəz]	*(тра́узэз)*	**trousers**
брюнетка	[ˈdaːk,heəd]	*(дак хэ́ад)*	**dark-haired**
будильник	[əˈlaːmˈklɔk]	*(эла́м клок)*	**alarm clock**
букет	[buˈkeɪ]	*(букэ́й)*	**bouquet**
булочки	[ˈrəulz]	*(ролз)*	**rolls**
бумага	[ˈpeɪpə]	*(пэ́йпа)*	**paper**
бутерброд	[ˈsændwɪʧ]	*(сэ́ндвич)*	**sandwich**
бутон	[bʌd]	*(бад)*	**bud**
бутылка	[bɔtl]	*(ботл)*	**bottle**
бык	[bul]	*(бул)*	**bull**
ваза	[vaːz]	*(ваз)*	**vase**
валик	[ˈbɔlstə]	*(бо́лста)*	**bolster**
валюта	[ˈkʌrənsɪ]	*(ка́рэнси)*	**currency**
ванна	[ˈbaːθ]	*(баф)*	**bath**
ванная	[ˈbaːθruːm]	*(ба́фрум)*	**bathroom**
варежки	[ˈmɪtənz]	*(ми́тэнз)*	**mittens**
варенье	[ʤæm]	*(джэм)*	**jam**

А Б **В** Г Д Е Ё Ж З И Й К Л М Н О П Р С Т У Ф Х Ц Ч Ш Щ Ь Ы Ъ Э Ю Я

василёк	[ˈkɔ:nˈflauə]	*(корн фла́уа)*	**corn-flower**
вата	[ˈkɔtnˈwu:l]	*(котн вул)*	**cotton wool**
вафли	[ˈwɔflz]	*(во́флз)*	**waffles**
вверх	[ˈʌpsteəz]	*(а́пстэаз)*	**upstairs**
ведёрко	[ˈbʌkɪt]	*(ба́кит)*	**bucket**
велосипед	[ˈbaɪsɪkl]	*(ба́йсикл)*	**bicycle**
верблюд	[ˈkæməl]	*(кэ́мэл)*	**camel**
верёвочная лестница	[ˈrəupˈlædə]	*(ро́уп лэ́да)*	**rope ladder**
вертолёт	[ˈhelɪkɔptə]	*(хэ́ликопта)*	**helicopter**
верховая езда	[ˈhɔ:sˌraɪdɪŋ]	*(хос ра́йдинг)*	**horse-riding**
весна	[sprɪŋ]	*(спринг)*	**spring**
весы	[ˈskeɪlz]	*(ске́илз)*	**scales**
ветеринар	[vet]	*(вэт)*	**vet**
ветка	[bra:ntʃ]	*(бранч)*	**branch**
ветчина	[hæm]	*(хэм)*	**ham**
вечернее платье	[ˈi:vnɪŋˈdres]	*(и́внинг дрэс)*	**evening dress**
вешалка	[ræk]	*(рэк)*	**rack**
видео	[ˈvɪdɪəu]	*(ви́дио)*	**video**
видеокамера	[ˈvɪdɪəuˈkæmərə]	*(ви́дио кэ́мэра)*	**video camera**

визажист	[ˈvɪzɪʤɪst]	*(ви́зиджист)*	**visagiste**
вилка	[fɔ:k]	*(фок)*	**fork**
виндсёрфинг	[ˈwɪndˌsə:fiŋ]	*(уи́ндсёрфинг)*	**windsurfing**
вино	[waɪn]	*(уа́йн)*	**wine**
виноград	[greɪps]	*(грэйпс)*	**grapes**
витрина	[ˈʃəukeɪs]	*(шо́укэйс)*	**showcase**
вишня	[ˈʧerɪz]	*(че́риз)*	**cherries**
вниз	[ˈdaunsteəz]	*(да́унстэаз)*	**downstairs**
внук	[ˈgrænsʌn]	*(грэ́нсан)*	**grandson**
внучка	[ˈgræn, dɔ:tə]	*(грэ́ндо́та)*	**granddaughter**
вода	[ˈwɔ:tə]	*(во́та)*	**water**
водитель	[ˈdraɪvə]	*(дра́йва)*	**driver**
водные лыжи	[ˈwɔ:təˌski:ɪŋ]	*(во́та ски́инг)*	**water-skiing**
водолаз	[ˈfrɔgmən]	*(фро́гмэн)*	**frogman**
водопроводчик	[ˈplʌmə]	*(пла́ма)*	**plumber**
водоросли	[ˈsi:wi:d]	*(си́вид)*	**seaweed**
военный	[ˈmɪlɪtərɪmən]	*(ми́литэри мэн)*	**military man**
воздушный змей	[kaɪt]	*(кайт)*	**kite**
воздушный шар	[bəˈlu:n]	*(бэлу́н)*	**balloon**

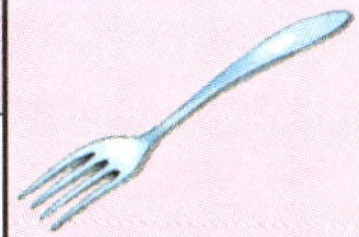

волейбол	[′vɔlıbɔ:l]	*(во́либол)*	**volley-ball**
волк	[wulf]	*(вулф)*	**wolf**
волосы	[heə]	*(хэ́а)*	**hair**
вопрос	[′kwestʃən]	*(куэ́счен)*	**question**
воробей	[′spærəu]	*(спэ́роу)*	**sparrow**
ворота	[geıt]	*(гейт)*	**gate**
восемнадцать	[′eı′ti:n]	*(э́йтин)*	**eighteen**
восемь	[eıt]	*(эйт)*	**eight**
восемьдесят	[′eıtı]	*(э́йти)*	**eighty**
воскресенье	[′sʌndı]	*(са́нди)*	**Sunday**
восьмой	[′eıtθ]	*(эйтф)*	**eighth**
врач	[′dɔktə]	*(до́кта)*	**doctor**
вторник	[′tju:zdı]	*(тьюзди)*	**Tuesday**
второй	[′sekənd]	*(сэ́кэнд)*	**second**
второй этаж	[′sekəndflɔ:]	*(сэ́кэнд фло)*	**second floor**
вход	[′entrəns]	*(э́нтрэнс)*	**entrance**
вывеска	[′saınbɔ:d]	*(са́йнборд)*	**signboard**
выходной день	[′deı′ɔf]	*(дэй оф)*	**day off**
вычитание	[səb′trækʃən]	*(сабтрэ́кшн)*	**subtraction**
вязаная шапка	[′wu:lı′hæt]	*(ву́ли хэт)*	**wooly hat**

газета	[ˈnjuːspeɪpə]	*(ньюспэйпа)*	**newspaper**
галоши	[gəˈlɔʃɪz]	*(гэло́шиз)*	**galoshes**
галстук	[taɪ]	*(тай)*	**tie**
галька	[pebl]	*(пэбл)*	**pebble**
гамбургер	[ˈhæmbəːgə]	*(хэ́мбёргер)*	**hamburger**
гараж	[ˈgæraːʒ]	*(гэ́раж)*	**garage**
гвоздика	[kaːˈneɪʃn]	*(канэ́йшн)*	**carnation**
гвоздь	[neɪl]	*(нэйл)*	**nail**
геолог	[ʤɪˈɔləʤɪst]	*(джио́лэджист)*	**geologist**
гиацинт	[ˈhaɪəsɪnθ]	*(ха́эсинф)*	**hyacinth**
гиппопотам	[ˌhɪpəˈpɔtəməs]	*(хипэпо́тэмэс)*	**hippopotamus**
гирлянда	[ˈgaːlənd]	*(га́лэнд)*	**garland**
гиря	[weɪt]	*(уэ́йт)*	**weight**
гитара	[gɪˈtaː]	*(гита́)*	**guitar**
гладильная доска	[ˈaɪənɪŋˈbɔːd]	*(а́йенинг борд)*	**ironing board**
гладиолус	[ˌglædɪˈəuləs]	*(глэдио́лэс)*	**gladiolus**
глаз	[aɪ]	*(ай)*	**eye**
глазок	[ˈspaɪhəul]	*(спа́йхоул)*	**spy-hole**
глобус	[gləub]	*(гло́уб)*	**globe**
гнездо	[nest]	*(нэст)*	**nest**
голова	[hed]	*(хэд)*	**head**

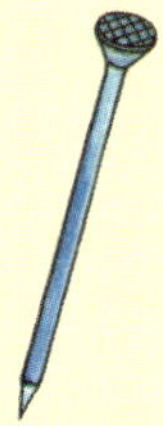

А Б В Г Д Е Ё Ж З И Й К Л М Н О П Р С Т У Ф Х Ц Ч Ш Щ Ь Ы Ъ Э Ю Я

голубой	[ˈlaɪtˈbluː]	*(лайт блю)*	**light blue**	
голубь	[ˈpɪʤɪn]	*(пи́джин)*	**pigeon**	
гольф	[gɔlf]	*(голф)*	**golf**	
горизонтальная линия	[ˌhɔrɪˈzɔntlˈlaɪn]	*(хоризо́нтл лайн)*	**horizontal line**	
горн	[bjuːgl]	*(бьюгл)*	**bugle**	
горнолыжный спорт	[ˈmauntɪŋˌskiːɪŋ]	*(ма́унтин ски́инг)*	**mountain skiing**	
город	[ˈsɪtɪ]	*(си́ти)*	**city**	
горох	[piːz]	*(пиз)*	**peas**	
горчичник	[ˈmʌstədˈplæstə]	*(ма́стэд плэ́ста)*	**mustard plaster**	
горшок	[pɔt]	*(пот)*	**pot**	
горячая вода	[ˈhɔtˈwɔːtə]	*(хот во́та)*	**hot water**	
гости	[gests]	*(гестс)*	**guests**	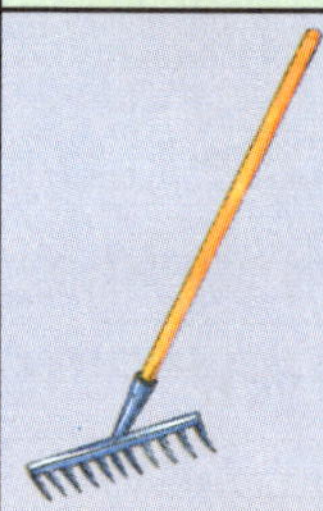
гостиная	[ˈlɪvɪŋrum]	*(ли́винг рум)*	**living-room**	
гостиница	[ˈhəutəl]	*(хо́утэл)*	**hotel**	
грабли	[reɪk]	*(рэйк)*	**rake**	
градусник	[θəˈmɔmɪtə]	*(фэмо́мита)*	**thermometer**	
гранат	[ˈpɔmˌgrænɪt]	*(по́мгрэ́нит)*	**pomegranate**	
графин	[kəˈræf]	*(кэрэ́ф)*	**carafe**	
гребля	[ˈrəuɪŋ]	*(ро́уинг)*	**rowing**	

грейпфрут	[ˈgreɪpfruːt]	*(грэ́йпфрут)*	**grapefruit**
грелка	[ˈhɔtˌwɔːtəˈbɔtl]	*(хот во́та ботл)*	**hot-water bottle**
грецкий орех	[ˈwɔːlnʌt]	*(во́лнат)*	**walnut**
гриб	[ˈmʌʃrum]	*(ма́шрум)*	**mushroom**
грива	[meɪn]	*(мэйн)*	**mane**
гроза	[stɔːm]	*(стом)*	**storm**
гром	[ˈθʌndə]	*(са́нда)*	**thunder**
грудная клетка	[ʧest]	*(чест)*	**chest**
грузовик	[trʌk]	*(трак)*	**truck**
груша	[peə]	*(пэ́а)*	**pear**
грядка	[ˈveʤɪtəblˈplɔt]	*(вэ́джитэбл плот)*	**vegetable plot**
губка	[spʌnʤ]	*(спандж)*	**sponge**
губы	[lɪps]	*(липс)*	**lips**
гусеница	[ˈkætəpɪlə]	*(кэ́тэпила)*	**caterpillar**
гусь	[guːs]	*(гус)*	**goose**
два	[tuː]	*(ту)*	**two**
двадцать	[ˈtwentɪ]	*(туэ́нти)*	**twenty**
двадцать два	[ˈtwentɪˌtuː]	*(туэ́нти ту)*	**twenty-two**
двадцать один	[ˈtwentɪˌwʌn]	*(туэ́нти уа́н)*	**twenty-one**

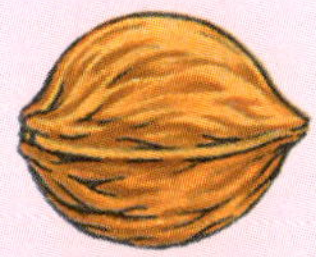

21

двенадцать	[ˈtwelv]	*(туэ́лв)*	**twelve**
дверная ручка	[ˈdɔːˌhændl]	*(до хэндл)*	**door-handle**
дверная цепочка	[ˈlɔkəndˈʧeɪn]	*(ло́кэндче́йн)*	**lock-and-chain**
дверь	[dɔː]	*(до)*	**door**
двор	[jaːd]	*(ярд)*	**yard**
двоюродный брат, двоюродная сестра	[kʌzn]	*(казн)*	**cousin**
девяносто	[ˈnaɪntɪ]	*(на́йнти)*	**ninety**
девятнадцать	[ˈnaɪnˈtiːn]	*(на́йнтин)*	**nineteen**
девятый	[naɪnθ]	*(найнф)*	**ninth**
девять	[naɪn]	*(найн)*	**nine**
дегустатор	[ˈteɪstə]	*(тэ́йста)*	**taster**
Дед Мороз	[ˈfaːðəˈfrɔst]	*(фа́за фрост)*	**Father Frost**
дедушка	[ˈgrænˌfaːðə]	*(грэ́нфаза)*	**grandfather**
декабрь	[dɪˈsembə]	*(дисэ́мба)*	**December**
деление	[dɪˈvɪʒən]	*(диви́жн)*	**division**
дельтапланеризм	[ˈhæŋˌglaɪdɪŋ]	*(хэн гла́йдинг)*	**hang-gliding**
дельфин	[ˈdɔlfɪn]	*(до́лфин)*	**dolphin**
день	[deɪ]	*(дэй)*	**day**

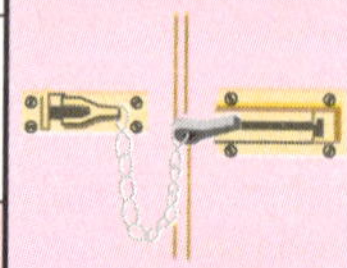

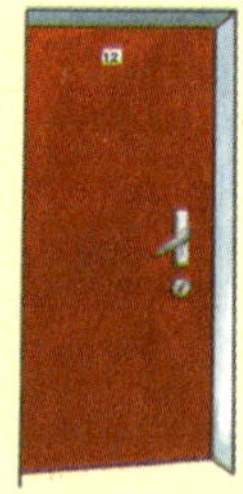

день рождения	[ˈbə:θdeɪ]	*(бёвдэй)*	**birthday**
деньги	[ˈmʌnɪ]	*(мáни)*	**money**
дерево	[tri:]	*(три)*	**tree**
десятки	[tenz]	*(тэнз)*	**tens**
десятый	[tenθ]	*(тэнф)*	**tenth**
десять	[ten]	*(тэн)*	**ten**
дети	[ˈʧildren]	*(чúлдрэн)*	**children**
детская горка	[slaɪd]	*(слайд)*	**slide**
детская комната	[ˈʧildrənzru:m]	*(чúлдрэнз рум)*	**children's room**
детская кроватка	[ˈʧildrenzˈbed]	*(чúлдрэнз бэд)*	**children's bed**
детский сад	[ˈkɪndəˌgɑ:tn]	*(кúндэгатн)*	**kindergarten**
джемпер	[ˈʤʌmpə]	*(джáмпа)*	**jumper**
джинсы	[ʤi:nz]	*(джинз)*	**jeans**
диван	[ˈsəufə]	*(сóуфа)*	**sofa**
диктор	[əˈnaunsə]	*(энáунса)*	**announcer**
дневник	[ˈrekədbuk]	*(рэ́кодбук)*	**record-book**
дождь	[reɪn]	*(рэ́ин)*	**rain**
дом	[haus]	*(хáус)*	**house**
домашнее задание	[ˈhəumwə:k]	*(хóумвёк)*	**homework**

домашний халат	[ˈdresɪŋˈgaun]	*(дрэ́син га́ун)*	**dressing-gown**
дорога	[rəud]	*(ро́уд)*	**road**
доска	[bɔ:d]	*(борд)*	**board**
доска школьная	[ˈblækbɔ:d]	*(блэ́кборд)*	**blackboard**
дочь	[ˈdɔ:tə]	*(до́та)*	**daughter**
дрель	[drɪl]	*(дрил)*	**drill**
дробь	[ˈfrækʃən]	*(фрэкшн)*	**fraction**
дрозд	[ˈblækbə:d]	*(блэ́кбёрд)*	**blackbird**
друзья	[ˈfrendz]	*(фрэ́ндз)*	**friends**
дуб	[əuk]	*(о́ук)*	**oak**
думочка	[ˈkuʃən]	*(ку́шэн)*	**cushion**
дуршлаг	[ˈkʌləndə]	*(ка́лэнда)*	**colander**
духи	[ˈpə:fju:m]	*(пёфьюм)*	**perfume**
духовка	[ʌvn]	*(авн)*	**oven**
душ	[ˈʃauə]	*(ща́уа)*	**shower**
дым	[sməuk]	*(смо́ук)*	**smoke**
дымоход	[ˈʧɪmnɪ]	*(чи́мни)*	**chimney**
дыня	[ˈmelən]	*(мэ́лэн)*	**melon**
дядя	[ˈʌŋkl]	*(анкл)*	**uncle**
дятел	[ˈwudˌpekə]	*(ву́дпэ́ка)*	**woodpecker**

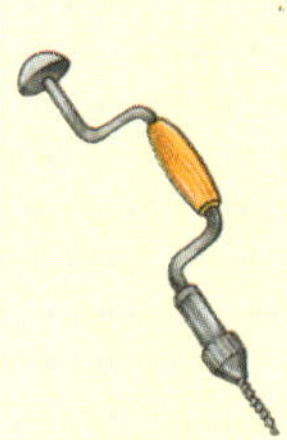

еда	[fuːd]	*(фуд)*	**food**	
единицы	[ˈjuːnɪts]	*(ю́нитс)*	**units**	
ёж	[ˈhedʒhɔg]	*(хэ́джхог)*	**hedgehog**	
ежевика	[ˈblækbərɪz]	*(блэ́кбэриз)*	**blackberries**	
ель	[ˈfəːtriː]	*(фё три)*	**fir-tree**	
енот	[rəˈkuːn]	*(рэку́н)*	**raccoon**	
жаба	[təud]	*(то́уд)*	**toad**	
жабры	[gɪlz]	*(гилз)*	**gills**	
жаворонок	[lɑːk]	*(ларк)*	**lark**	
жакет	[ˈdʒækɪt]	*(джэ́кит)*	**jacket**	
жалюзи	[blaɪnd]	*(блайнд)*	**blind**	
жвачка	[ˈtʃuːɪŋˈgʌm]	*(чу́ин гам)*	**chewing gum**	
жгут	[rəup]	*(ро́уп)*	**rope**	
жёлтый	[ˈjeləu]	*(йе́лоу)*	**yellow**	
жёлудь	[ˈeɪkɔːn]	*(э́йкорн)*	**acorn**	
жена	[waɪf]	*(вайф)*	**wife**	
жених	[ˈbraɪdgrum]	*(бра́йдгрум)*	**bridegroom**	
жеребёнок	[fəul]	*(фо́ул)*	**foal**	
живот	[ˈbelɪ]	*(бэ́ли)*	**belly**	
жидкость для мытья посуды	[ˈdɪʃˌwɔʃɪŋˈlɪkwɪd]	*(ди́швошинг ли́квид)*	**dishwashing liquid**	

А Б В Г Д Е Ё **Ж** З И Й К Л М Н О П Р С Т У Ф Х Ц Ч Ш Щ Ь Ы Ъ Э Ю Я

жилетка	[ˈweɪstkəut]	*(уэ́йсткóут)*	**waistcoat**
жираф	[ʤɪˈra:f]	*(джира́ф)*	**giraffe**
жонглёр	[ˈʤʌglə]	*(джа́гла)*	**juggler**
жук	[bi:tl]	*(битл)*	**beetle**
журавль	[kreɪn]	*(крэйн)*	**crane**
забор	[fens]	*(фэнс)*	**fence**
завод	[pla:nt]	*(плант)*	**plant**
замо́к	[lɔk]	*(лок)*	**lock**
занавеска	[ˈʃauəˈkə:tn]	*(ща́уа кётн)*	**shower curtain**
заяц	[heə]	*(хэ́а)*	**hare**
звезда	[sta:]	*(стар)*	**star**
звонок	[ˈdɔ:bel]	*(до бэл)*	**door bell**
здание	[ˈbɪldɪŋ]	*(би́лдинг)*	**building**
зебра	[ˈzi:brə]	*(зи́бра)*	**zebra**
зелёный	[gri:n]	*(грин)*	**green**
зеркало	[ˈmɪrə]	*(ми́рэ)*	**mirror**
зима	[ˈwɪntə]	*(уи́нта)*	**winter**
змея	[sneɪk]	*(снэйк)*	**snake**
зонт	[ʌmˈbrelə]	*(амбрэ́ла)*	**umbrella**
зубная паста	[ˈtu:θpeɪst]	*(ту́фпэйст)*	**toothpaste**
зубная щётка	[ˈtu:θbrʌʃ]	*(ту́фбраш)*	**toothbrush**

зубы	[ti:θ]	*(тúиф)*	**teeth**
ива	[ˈwɪləu]	*(уúлоу)*	**willow**
игрушка	[tɔɪ]	*(той)*	**toy**
икра	[ˈkævɪa:]	*(кэ́виа)*	**caviar**
индюк	[ˈtə:kɪ]	*(тёки)*	**turkey**
инженер	[ˌenʤɪˈnɪə]	*(энжинúа)*	**engineer**
ирис	[ˈaɪərɪs]	*(áйрис)*	**iris**
июль	[ʤuˈlaɪ]	*(джулáй)*	**July**
июнь	[ʤu:n]	*(джун)*	**June**
йогурт	[ˈjɔgət]	*(йóгэт)*	**yoghurt**
йод	[ˈaɪəudi:n]	*(áйодин)*	**iodine**
[illegible]ачок	[ˈmærəu]	*(мэ́роу)*	**marrow**
какао	[ˈkəukəu]	*(кóукоу)*	**cocoa**
калькулятор	[ˈkælkjuleɪtə]	*(кэ́лкьюлэ́йта)*	**calculator**
камин	[ˈfaɪəpleɪs]	*(фáяплэйс)*	**fireplace**
камни	[ˈstəunz]	*(стóунз)*	**stones**
канарейка	[kəˈneərɪ]	*(кэнэ́ри)*	**canary**
капуста	[ˈkæbɪʤ]	*(кэ́бидж)*	**cabbage**
капюшон	[hu:d]	*(худ)*	**hood**
карандаш	[ˈpensɪl]	*(пэ́нсил)*	**pencil**
карлик	[dwɔ:f]	*(двоф)*	**dwarf**

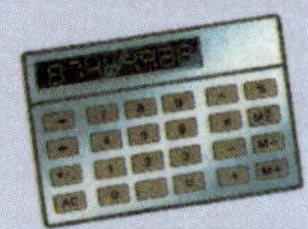

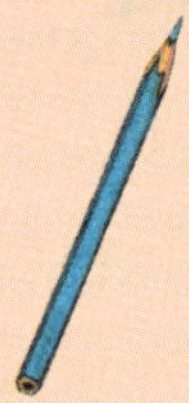

А Б В Г Д Е Ё Ж З И Й **К** Л М Н О П Р С Т У Ф Х Ц Ч Ш Щ Ь Ы Ъ Э Ю Я

карнавал	[ˈkaːnɪvəl]	*(ка́нивэл)*	**carnival**	
карта	[mæp]	*(мэп)*	**map**	
картина	[ˈpɪktʃə]	*(пи́кча)*	**picture**	
картофельное пюре	[ˈmæʃtpəˈteɪtəuz]	*(мэшт пэтэ́йтоуз)*	**mashed potatoes**	
картошка	[pəˈteɪtəu]	*(пэтэ́йтоу)*	**potato**	
карты	[ˈpleɪŋˈkaːdz]	*(плэ́ин кардз)*	**playing cards**	
карусели	[ˈmerɪgəuˌraund]	*(мэ́ригоура́унд)*	**merry-go-round**	
касса	[ˈkæʃˈdesk]	*(кэш дэск)*	**cash desk**	
кассир	[kæˈʃɪə]	*(кэши́а)*	**cashier**	
кастрюля	[ˈsɔːspən]	*(со́спэн)*	**saucepan**	
кафе	[ˈkæfeɪ]	*(кэ́фэй)*	**cafe**	
качели	[swɪŋz]	*(свингз)*	**swings**	
каша	[ˈpɔrɪʤ]	*(по́ридж)*	**porridge**	
квадрат	[skweə]	*(сквэ́а)*	**square**	
квартира	[flæt]	*(флэт)*	**flat**	
кенгуру	[ˌkæŋgəˈruː]	*(кэнгэру́)*	**kangaroo**	
кепка	[kæp]	*(кэп)*	**cap**	
кирпич	[brɪk]	*(брик)*	**brick**	
кисточка	[brʌʃ]	*(браш)*	**brush**	
кисть руки	[hænd]	*(хэнд)*	**hand**	
кит	[weɪl]	*(уэ́ил)*	**whale**	

класс (комната)	[ˈklaːsˌrum]	*(кла́срум)*	**classroom**	
клей	[gluː]	*(глю)*	**glue**	
клён	[meɪpl]	*(мэйпл)*	**maple**	
клетка	[keɪʤ]	*(кейдж)*	**cage**	
клоун	[klaun]	*(кла́ун)*	**clown**	
клубника	[ˈstrɔːbərɪz]	*(стро́бэриз)*	**strawberries**	
клумба	[ˈflauəbed]	*(фла́уа бэд)*	**flower bed**	
клык	[fæŋ]	*(фэнг)*	**fang**	
клюв	[biːk]	*(бик)*	**beak**	
ключ	[kiː]	*(ки)*	**key**	
книга	[buk]	*(бук)*	**book**	
книжная полка	[ˈbukʃelf]	*(бу́кшэлф)*	**bookshelf**	
книжный магазин	[ˈbukʃɔp]	*(бу́кшоп)*	**book shop**	
книжный шкаф	[ˈbukkeɪs]	*(бу́ккейс)*	**bookcase**	
ковёр	[ˈkaːpɪt]	*(ка́пит)*	**carpet**	
коза	[ˌʃiːˈgəut]	*(ши го́ут)*	**she-goat**	
козёл	[gəut]	*(го́ут)*	**goat**	
козлёнок	[kɪd]	*(кид)*	**kid**	
кокос	[ˈkəukənʌt]	*(ко́укэнат)*	**coconut**	

А Б В Г Д Е Ё Ж З И Й **К** Л М Н О П Р С Т У Ф Х Ц Ч Ш Щ Ь Ы Ъ Э Ю Я

колба	[rɪ′tɔ:t]	*(ритóт)*	**retort**
колбаса, сосиска	[′sɔsɪʤ]	*(сóсидж)*	**sausage**
колготки	[taɪts]	*(тайтс)*	**tights**
колено	[ni:]	*(ни)*	**knee**
колесо	[′wi:l]	*(уúл)*	**wheel**
колокольчик	[′blu:bel]	*(блю́бэл)*	**bluebell**
комар	[məs′ki:təu]	*(мэскúтоу)*	**mosquito**
комната	[rum]	*(рум)*	**room**
комод	[′ʧestəv′drɔ:əz]	*(чест оф дрóэз)*	**chest of drawers**
компьютер	[kəm′pju:tə]	*(кэмпью́та)*	**computer**
кондитерская	[kən′fækʃənəri]	*(кэнфэ́кшэнэри)*	**confectionery**
консервы	[kænz]	*(кэнз)*	**cans**
конфеты	[′swi:ts]	*(суúтс)*	**sweets**
копейка	[′kəupek]	*(кóпэк)*	**copeck**
копыто	[hu:f]	*(хуф)*	**hoof**
корабль	[ʃɪp]	*(шип)*	**ship**
корень	[ru:t]	*(рут)*	**root**
корзина	[ba:skɪt]	*(бáскит)*	**basket**
коричневый	[braun]	*(брáун)*	**brown**
корм	[fi:d]	*(фид)*	**feed**

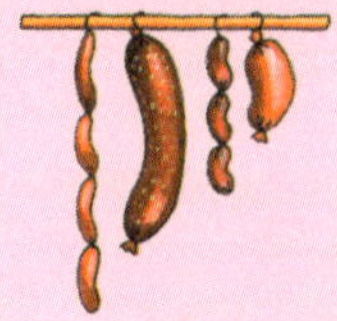

коробка	[ˈbɔks]	*(бокс)*	box	
корова	[kau]	*(ка́у)*	cow	
корректор	[ˈpru:f,ri:də]	*(пруф ри́да)*	proof-reader	
косичка	[ˈpɪgteɪl]	*(пи́гтэйл)*	pigtail	
космонавт	[ˈæstrənɔ:t]	*(э́стрэнот)*	astronaut	
костёр	[ˈfaɪə]	*(фа́я)*	fire	
костюм	[sju:t]	*(сьют)*	suit	
котёнок	[kɪtn]	*(китн)*	kitten	
кофе	[ˈkɔfɪ]	*(ко́фи)*	coffee	
кофе (ягода)	[ˈkɔfɪˈbi:nz]	*(ко́фи бинз)*	coffee beans	
кофейник	[ˈkɔfɪpɔt]	*(ко́фипот)*	coffee-pot	
кошелёк	[pə:s]	*(пёс)*	purse	
кошка	[kæt]	*(кэт)*	cat	
краб	[kræb]	*(крэб)*	crab	
кран	[tæp]	*(тэп)*	tap	
кран (подъёмный)	[kreɪn]	*(крэ́ин)*	crane	
краски	[peɪnts]	*(пэ́интс)*	paints	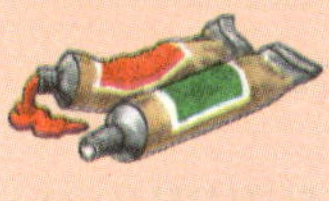
красная смородина	[ˈredˈkʌrənts]	*(рэд ка́рэнтс)*	red currants	
красный	[red]	*(рэд)*	red	
креветка	[ʃrɪmp]	*(шримп)*	shrimp	

кресло	[ˈa:mtʃeə]	*(áмчéа)*	**armchair**
кровать	[bed]	*(бэд)*	**bed**
кровь	[blʌd]	*(блад)*	**blood**
крокодил	[ˈkrɔkədaɪl]	*(крóкэдайл)*	**crocodile**
кролик	[ˈræbɪt]	*(рэ́бит)*	**rabbit**
кроссовки	[ˈtreɪnəz]	*(трэ́йнэз)*	**trainers**
крот	[məul]	*(мóул)*	**mole**
круг	[ˈsəkl]	*(сёкл)*	**circle**
кружка	[mʌg]	*(маг)*	**mug**
крыжовник	[ˈguzbərɪz]	*(гýзбэриз)*	**gooseberries**
крыло	[wɪŋ]	*(винг)*	**wing**
крыса	[ræt]	*(рэт)*	**rat**
крыша	[ru:f]	*(руф)*	**roof**
крышка	[lɪd]	*(лид)*	**lid**
куб	[kju:b]	*(кьюб)*	**cube**
кубик	[brɪk]	*(брик)*	**brick**
кувшин	[ʤʌg]	*(джаг)*	**jug**
кудрявый	[ˈkə:lɪ]	*(кёрли)*	**curly**
кузнечик	[ˈgra:shɔpə]	*(грáсхóпа)*	**grasshopper**
кузов	[ˈbɔdi]	*(бóди)*	**body**
кукла	[dɔl]	*(дол)*	**doll**

кукуруза	[kɔːn]	*(корн)*	**corn**	
кукушка	[ˈkukuː]	*(кýку)*	**cuckoo**	
кулак	[fɪst]	*(фист)*	**fist**	
купальник	[ˈswɪmsjuːt]	*(свúмсьют)*	**swimsuit**	
курица	[hen]	*(хэн)*	**hen**	
куртка	[ˈbleɪzə]	*(блэ́йза)*	**blazer**	
куст	[buʃ]	*(буш)*	**bush**	
кухня	[ˈkɪʧɪn]	*(кúтчин)*	**kitchen**	
кухонный шкаф	[ˈkʌpəd]	*(кáпэд)*	**cupboard**	
кушетка	[kauʧ]	*(кáуч)*	**couch**	
ладонь	[paːm]	*(пам)*	**palm**	
лампа	[læmp]	*(лэмп)*	**lamp**	
ландыш	[ˈlɪlɪ əv ðə ˈvælɪ]	*(лúли оф зэ вэ́ли)*	**lily-of-the-valley**	
лапа	[pɔː]	*(по)*	**paw**	
ласт	[ˈflɪpə]	*(флúпа)*	**flipper**	
ластик	[ɪˈreɪzə]	*(ирэ́йза)*	**eraser**	
ласточка	[ˈswɔləu]	*(свóллоу)*	**swallow**	
ласты	[ˈflɪpəz]	*(флúпэз)*	**flippers**	
лебедь	[swɔn]	*(суóн)*	**swan**	
лев	[ˈlaɪən]	*(лáйен)*	**lion**	

леденец	[ˈkændɪ]	*(кэ́нди)*	**candy**
лейка	[ˈwɔtərɪŋˈkæn]	*(уо́тэринг кэн)*	**watering can**
леопард	[ˈlepəd]	*(лэ́пэд)*	**leopard**
лес	[ˈfɔrɪst]	*(фо́рист)*	**forest**
лесничий	[ˈfɔrɪstə]	*(фо́риста)*	**forester**
лесной орех	[ˈheɪzlnʌt]	*(хе́йзлнат)*	**hazelnut**
лестница	[ˈsteəz]	*(стэ́аз)*	**stairs**
лето	[ˈsʌmə]	*(са́ма)*	**summer**
лётчик	[ˈpaɪlət]	*(па́йлэт)*	**pilot**
лилия	[ˈlɪlɪ]	*(ли́ли)*	**lily**
лимон	[ˈlemən]	*(лэ́мэн)*	**lemon**
линейка	[ˈruːlə]	*(ру́ла)*	**ruler**
липа	[ˈlɪndən]	*(ли́ндэн)*	**linden**
лиса	[fɔks]	*(фокс)*	**fox**
лисичка (гриб)	[ˌtʃæntəˈrel]	*(чентэрэ́л)*	**chanterelle**
листья	[liːvz]	*(ливз)*	**leaves**
лифт	[lɪft]	*(лифт)*	**lift**
лицо	[feɪs]	*(фэйс)*	**face**
лоб	[ˈfɔrɪd]	*(фо́рид)*	**forehead**
лодка	[ˈbəut]	*(бо́ут)*	**boat**
ложка	[spuːn]	*(спун)*	**spoon**

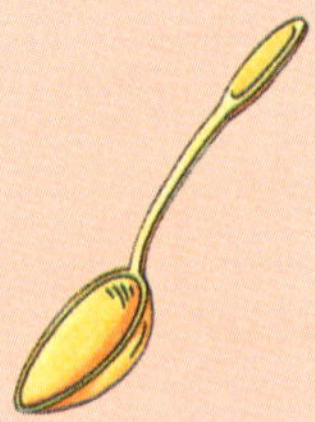

локоть	[ˈelbəu]	*(э́лбоу)*	**elbow**
лопата	[ˈʃʌvl]	*(щавл)*	**shovel**
лось	[elk]	*(элк)*	**elk**
лошадь	[hɔːs]	*(хос)*	**horse**
лужа	[pʌdl]	*(падл)*	**puddle**
лук	[ˈʌnjən]	*(а́ньен)*	**onion**
лыжный спорт	[skiːɪŋ]	*(ски́инг)*	**skiing**
лысый	[bɔːld]	*(болд)*	**bald**
люстра	[ˌʃændɪˈlɪə]	*(щэ́ндили́а)*	**chandelier**
лягушка	[frɔg]	*(фрог)*	**frog**
магазин	[ʃɔp]	*(шоп)*	**shop**
магазин игрушек	[ˈtɔɪʃɔp]	*(то́йшоп)*	**toy shop**
май	[meɪ]	*(мэй)*	**May**
майка	[vest]	*(вэст)*	**vest**
мак	[ˈpɔpɪ]	*(по́пи)*	**poppy**
макароны	[spəˈgetɪ]	*(спэгэ́ти)*	**spaghetti**
малина	[ˈraːzbərɪz]	*(ра́збэриз)*	**raspberries**
мама	[ˈmʌðə]	*(ма́за)*	**mother (mum)**
манго	[ˈmæŋgəu]	*(мэ́нгоу)*	**mango**
мандарин	[tænʤəˈrɪn]	*(тэнджэрин)*	**tangerine**

манеж	[rɪŋ]	*(ринг)*	**ring**
маргаритка	[ˈdeɪzɪ]	*(дэ́йзи)*	**daisy**
мармелад	[ˈmaːməleɪd]	*(ма́мэлэйд)*	**marmalade**
март	[maːʧ]	*(мач)*	**March**
маска	[maːsk]	*(маск)*	**mask**
маслёнка	[ˈbʌtədɪʃ]	*(ба́тэдиш)*	**butterdish**
масло сливочное	[ˈbʌtə]	*(ба́тэ)*	**butter**
математика	[ˌmæθɪˈmætɪks]	*(мэфимэ́тикс)*	**mathematics**
матрас	[ˈmætrɪs]	*(мэ́трис)*	**mattress**
машина	[kaː]	*(ка)*	**car**
машинистка	[ˈtaɪpɪst]	*(та́йпист)*	**typist**
мёд	[ˈhʌnɪ]	*(ха́ни)*	**honey**
медведь	[beə]	*(бэ́а)*	**bear**
медсестра	[ˈhɔspɪtl ˈnəːs]	*(хо́спитл нёс)*	**hospital nurse**
медуза	[ˈʤelɪfɪʃ]	*(джэ́ли фиш)*	**jelly fish**
мел	[ʧɔk]	*(чок)*	**chalk**
метро	[ˈʌndəgraund]	*(а́ндэграунд)*	**underground**
механик	[mɪˈkænɪk]	*(микэ́ник)*	**mechanic**
мизинец	[ˈlɪtl ˈfɪŋgə]	*(литл фи́нга)*	**little finger**
микроволновая печь	[ˈmaɪkrəuweɪv ˈʌvn]	*(ма́йкроувэйв авн)*	**microwave oven**

микроскоп	[ˈmaɪkrəscəup]	*(мáйкрэскоуп)*	**microscope**	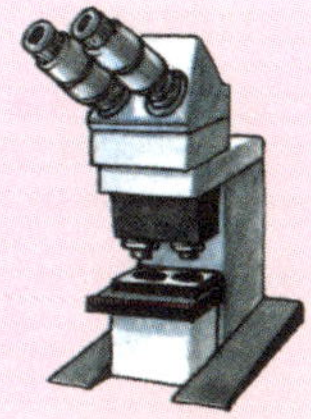
миксер	[ˈmɪksə]	*(мúкса)*	**mixer**	
микстура	[ˈmɪkstʃə]	*(мúксча)*	**mixture**	
милиционер	[mɪˈlɪʃəmən]	*(милúшамэн)*	**militiaman**	
миллион	[ˈmɪljən]	*(мúльен)*	**million**	
мимоза	[mɪˈməuzə]	*(мимóуза)*	**mimosa**	
минеральная вода	[ˈmɪnərəlˈwɔːtə]	*(мúнэрэл уóта)*	**mineral water**	
миска	[bəul]	*(бóул)*	**bowl**	
младенец	[ˈbeɪbɪ]	*(бэ́йби)*	**baby**	
молния	[zɪp]	*(зип)*	**zip**	
молния (явление природы)	[ˈlaɪtnɪŋ]	*(лáйтнинг)*	**lightning**	
молоко	[mɪlk]	*(милк)*	**milk**	
молоток	[ˈhæmə]	*(хэ́ма)*	**hammer**	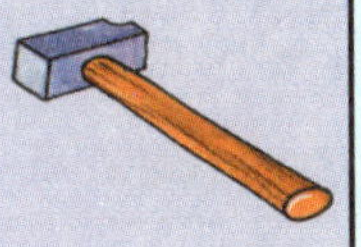
моль	[mɔθ]	*(моф)*	**moth**	
море	[ˈsiː]	*(си)*	**sea**	
морж	[ˈwɔːlrəs]	*(уóлрэс)*	**walrus**	
морковь	[ˈkærət]	*(кэ́рэт)*	**carrot**	
мороженое	[ˈaɪsˈkriːm]	*(áйскрим)*	**ice-cream**	
морская звезда	[ˈstaːfɪʃ]	*(стáрфиш)*	**starfish**	
морская свинка	[ˈgɪnɪpɪg]	*(гúнипиг)*	**guinea pig**	

морская черепаха	[′tɔ:tjuəs]	*(то́тьюз)*	**tortoise**
морской конёк	[′si:hɔ:s]	*(си́хос)*	**sea-horse**
моряк	[′seɪlə]	*(сэ́йла)*	**sailor**
мост	[brɪʤ]	*(бридж)*	**bridge**
мотогонки	[′məutəˌsaɪkl′reɪsɪz]	*(мо́утэсайкл рэ́йсиз)*	**motor-cycle races**
мотоцикл	[′məutəˌsaɪkl]	*(мо́утэса́йкл)*	**motorcycle**
мотылёк	[mɔθ]	*(моф)*	**moth**
мох	[mɔs]	*(мос)*	**moss**
мочалка	[bæst]	*(бэст)*	**bast**
муж	[′hʌzbənd]	*(ха́збэнд)*	**husband**
музей	[mju:′zɪəm]	*(мьюзи́эм)*	**museum**
музыка	[′mju:zɪk]	*(мью́зик)*	**music**
музыкальный центр	[′mju:zɪkəl′sentə]	*(мью́зикэл сэ́нта)*	**musical centre**
музыкант	[mju′zɪʃən]	*(мьюзи́шн)*	**musician**
мука	[′flauə]	*(фла́уа)*	**flour**
муравей	[ænt]	*(энт)*	**ant**
мусорное ведро	[′gɑ:bɪʤ′kæn]	*(га́бидж кэн)*	**garbage can**
муха	[flaɪ]	*(флай)*	**fly**
мухомор	[′flaɪˌægərɪk]	*(флай э́гэрик)*	**fly-agaric**

мыло	[səup]	*(со́уп)*	**soap**
мышь	[maus]	*(ма́ус)*	**mouse**
мюсли	[ˈmjuːzlɪ]	*(мьюзли)*	**muesli**
мясник	[ˈbutʃə]	*(бу́ча)*	**butcher**
мясо	[miːt]	*(мит)*	**meat**
мясорубка	[ˈmɪnsə]	*(ми́нса)*	**mincer**
мяч	[bɔːl]	*(бол)*	**ball**
наволочка	[ˈpɪləukeɪs]	*(пи́лоукейс)*	**pillowcase**
наездница	[ˈbeəbækˈraɪdə]	*(бэ́арбэк ра́йда)*	**bareback rider**
нарцисс	[naːˈsɪsəs]	*(наси́сэс)*	**narcissus**
настольная игра	[ˈbɔːdˈgeɪm]	*(борд гейм)*	**board game**
небо	[skaɪ]	*(скай)*	**sky**
небоскрёб	[ˈskaɪˌskreɪpə]	*(скай скрэ́йпа)*	**sky-scraper**
невеста	[braɪd]	*(брайд)*	**bride**
нефтяник	[ˈɔɪlmən]	*(о́илмэн)*	**oilman**
нечётные числа	[ˈɔdˌnʌmbəz]	*(од на́мбэз)*	**odd numbers**
новогодняя ёлка	[ˌnjuːˈjəːˌtriː]	*(нью е́а три)*	**New Year tree**
Новый Год	[ˌnjuːˈjəː]	*(нью е́а)*	**New Year**
нога	[leg]	*(лэг)*	**leg**

А Б В Г Д Е Ё Ж З И Й К Л **М** Н О П Р С Т У Ф Х Ц Ч Ш Щ Ь Ы Ъ Э Ю Я

ноготь	[neɪl]	*(нэ́ил)*	**nail**
нож	[naɪf]	*(найф)*	**knife**
ножницы	[ˈsɪzəz]	*(си́зэз)*	**scissors**
ноль	[ˈzɪərəu]	*(зи́роу)*	**zero**
номер дома	[ˈnʌmbərəvðəˈhaus]	*(на́мба оф зэ ха́ус)*	**number of the house**
нос	[nəuz]	*(но́уз)*	**nose**
носильщик	[ˈpɔ:tə]	*(по́та)*	**porter**
носки	[sɔks]	*(сокс)*	**socks**
носорог	[raɪˈnɔsərəs]	*(райно́сэрэс)*	**rhinoceros**
ночная рубашка	[ˈnaɪtgaun]	*(на́йтгаун)*	**nightgown**
ночник	[ˈbedsaɪdˈlæmp]	*(бэ́дсайд лэмп)*	**bedside lamp**
ночной горшок	[ˈpɔtɪ]	*(по́ти)*	**potty**
ноябрь	[nəuˈvembə]	*(новэ́мба)*	**November**
обезьяна	[mʌŋkɪ]	*(ма́нки)*	**monkey**
облака	[klaudz]	*(кла́удз)*	**clouds**
обруч	[hu:p]	*(хуп)*	**hoop**
овал	[ˈəuvəl]	*(о́вэл)*	**oval**
овца	[ʃi:p]	*(щип)*	**sheep**
огород	[ga:dn]	*(гадн)*	**garden**
огурец	[ˈkju:kʌmbə]	*(кью́камба)*	**cucumber**

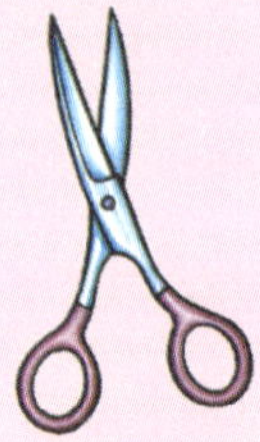

одежда	[ˈkləuðz]	*(клóувз)*	**clothes**
одеяло	[ˈblæŋkɪt]	*(блэ́нкит)*	**blanket**
один	[wʌn]	*(уа́н)*	**one**
одиннадцатый	[ɪˈlevnθ]	*(илэ́внф)*	**eleventh**
одиннадцать	[ɪˈlevən]	*(илэ́вн)*	**eleven**
одуванчик	[ˈdændɪˌlaɪən]	*(дэ́ндила́йен)*	**dandelion**
окно	[ˈwɪndəu]	*(уи́ндоу)*	**window**
окружность	[raund]	*(ра́унд)*	**round**
октябрь	[ɔkˈtəubə]	*(октóуба)*	**October**
окулист	[ɔpˈtɪʃən]	*(опти́шэн)*	**optician**
олень	[ˈdɪə]	*(ди́а)*	**deer**
оливка	[ˈɔlɪv]	*(óлив)*	**olive**
ольха	[ˈɔ:ldə]	*(óлда)*	**alder**
омар	[ˈlɔbstə]	*(лóбста)*	**lobster**
оранжевый	[ˈɔrɪnʤ]	*(óриндж)*	**orange**
орёл	[i:gl]	*(игл)*	**eagle**
орхидея	[ˈɔ:kɪd]	*(óкид)*	**orchid**
оса	[wɔsp]	*(восп)*	**wasp**
осёл	[ˈdɔŋkɪ]	*(да́нки)*	**donkey**
осень	[ˈɔ:təm]	*(óтэм)*	**autumn**
остров	[ˈaɪlənd]	*(а́йлэнд)*	**island**

острый угол	[əˈkju:tˈæŋgl]	*(экьют энгл)*	**acute angle**
осьминог	[ˈɔktəpəs]	*(óктэпэс)*	**octopus**
отвёртка	[ˈskru:ˌdraɪvə]	*(скрю́драйва)*	**screwdriver**
отвес	[ˈplʌmɪt]	*(пла́мит)*	**plummet**
отделение милиции	[pəˈli:sˈsteɪʃn]	*(поли́с стэйшн)*	**police station**
открытка	[ˈgri:tɪŋˌka:d]	*(гри́тинг кард)*	**greeting card**
офис	[ɔfɪs]	*(óфис)*	**office**
офицер	[ˈɔfɪsə]	*(óфиса)*	**officer**
официант	[ˈweɪtə]	*(уэ́йта)*	**waiter**
охотник	[ˈhʌntə]	*(ха́нта)*	**hunter**
оценка	[greɪd]	*(грэйд)*	**grade**
очки	[ˈgla:sɪz]	*(гла́сиз)*	**glasses**
ошейник	[ˈkɔlə]	*(кóла)*	**collar**
павлин	[ˈpi:kɔk]	*(пи́кок)*	**peacock**
пазл	[pʌzl]	*(пазл)*	**puzzle**
пакет	[pæk]	*(пэк)*	**pack**
палас	[rʌg]	*(раг)*	**rug**
палатка	[tent]	*(тэнт)*	**tent**
палец (на ноге)	[təu]	*(тóу)*	**toe**
палец (на руке)	[ˈfɪŋgə]	*(фи́нга)*	**finger**
пальма	[pa:m]	*(пам)*	**palm**

пальто	[kəut]	*(кóут)*	**coat**
памятник	[ˈmɔnjumənt]	*(мóньюмэнт)*	**monument**
папа	[ˈfa:ðə]	*(фáза)*	**father (dad)**
папайя	[pəˈpaɪə]	*(пэпáйа)*	**papaya**
папка	[faɪl]	*(файл)*	**file**
папка для бумаг	[ˈfəuldə]	*(фóулда)*	**folder**
параллельная линия	[ˈpærəlel]	*(пэ́рэлэл)*	**parallel**
парапет	[ˈpærəpɪt]	*(пэ́рэпит)*	**parapet**
парикмахер	[ˈheəˌdresə]	*(хэ́адрэса)*	**hairdresser**
парк	[ˈpa:k]	*(пак)*	**park**
парковка, гараж	[ˈka:pa:k]	*(ка пак)*	**car park**
парта	[desk]	*(дэск)*	**desk**
пасхальное яйцо	[ˌi:stərˈeg]	*(úста эг)*	**Easter egg**
паук	[ˈspaɪdə]	*(спáйда)*	**spider**
паутина	[ˈkɔbweb]	*(кóбвэб)*	**cobweb**
пациент	[ˈpeɪʃənt]	*(пэ́йшэнт)*	**patient**
певец	[ˈsɪŋə]	*(сúнга)*	**singer**
певица	[ˈsɪŋə]	*(сúнга)*	**singer**
пекарь	[ˈbeɪkə]	*(бэ́йка)*	**baker**

А Б В Г Д Е Ё Ж З И Й К Л М Н О П Р С Т У Ф Х Ц Ч Ш Щ Ь Ы Ъ Э Ю Я

пеликан	[ˈpelıkən]	*(пэ́ликэн)*	**pelican**	
пенал	[ˈpensılbɔks]	*(пэ́нсилбокс)*	**pencil-box**	
пень	[stʌmp]	*(стамп)*	**stump**	
первый	[fə:st]	*(фёст)*	**first**	
первый этаж	[ˈfə:stflɔ:]	*(фёст фло)*	**first floor**	
перекрёсток	[ˈkrɔsrəudz]	*(кро́сроудз)*	**crossroads**	
перец	[ˈpepə]	*(пэ́па)*	**pepper**	
перечница	[ˈpepəˌka:stə]	*(пэ́па ка́ста)*	**pepper-caster**	
перила	[ˈbænıstəz]	*(бэ́нистэз)*	**banisters**	
перина	[ˈfeðəbed]	*(фе́забед)*	**feather-bed**	
перо	[ˈfeðə]	*(фэ́за)*	**feather**	
персик	[pi:tʃ]	*(пич)*	**peach**	
перчатки	[glʌvz]	*(главз)*	**gloves**	
песок	[sænd]	*(сэнд)*	**sand**	
песочница	[ˈsændpıt]	*(сэ́ндпит)*	**sandpit**	
песочные часы	[ˈauəgla:s]	*(а́уаглас)*	**hour-glass**	
петрушка	[ˈpa:slı]	*(па́сли)*	**parsley**	
петуния	[pıˈtju:njə]	*(питью́нья)*	**petunia**	
петух	[ˈru:stə]	*(ру́ста)*	**rooster**	
печенье	[ˈbıskıts]	*(би́скитс)*	**biscuits**	

пешеходный переход	[pɪˈdestrɪənˈkrɔsɪŋ]	*(пидэ́стриэн кро́синг)*	**pedestrian crossing**	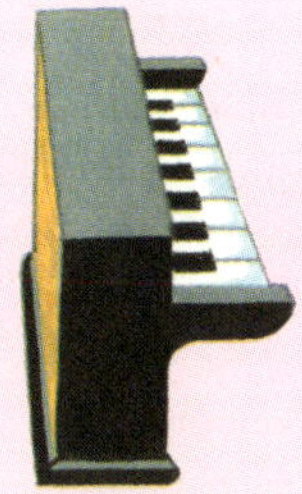
пианино	[ˈpjaːnəu]	*(пья́ноу)*	**piano**	
пиво	[bɪə]	*(би́а)*	**beer**	
пижама	[pəˈʤaːməz]	*(пэджа́мэз)*	**pyjamas**	
пила	[sɔː]	*(со)*	**saw**	
пингвин	[ˈpeŋgwin]	*(пэ́нгуин)*	**penguin**	
пион	[ˈpɪənɪ]	*(пи́эни)*	**peony**	
пипетка	[pɪˈpet]	*(пипэ́т)*	**pipette**	
пирог	[paɪ]	*(пай)*	**pie**	
пирожное	[ˈpeɪstrɪ]	*(пэ́йстри)*	**pastry**	
писатель	[ˈraɪtə]	*(ра́йта)*	**writer**	
письменный стол	[desk]	*(дэск)*	**desk**	
пицца	[ˈpɪtsə]	*(пи́тса)*	**pizza**	
плавание	[swɪmɪŋ]	*(сви́минг)*	**swimming**	
плавки	[ˈswɪmɪŋˈtrʌŋks]	*(сви́минг транкс)*	**swimming trunks**	
плавник	[fɪn]	*(фин)*	**fin**	
пластилин	[ˈplæstɪsɪn]	*(плэ́стисин)*	**plasticine**	
пластинка	[ˈrekɔːd]	*(рэ́код)*	**record**	
пластырь	[ˈplæstə]	*(плэ́ста)*	**plaster**	
платье	[dres]	*(дрэс)*	**dress**	

платяной шкаф	[ˈwɔ:drəub]	*(вóдроуб)*	**wardrobe**
плащ	[ˈreɪnkəut]	*(рэ́инкоут)*	**raincoat**
плечо	[ˈʃəuldə]	*(щóулда)*	**shoulder**
плита	[stəuv]	*(стóув)*	**stove**
плоскогубцы	[ˈplaɪəz]	*(плáйез)*	**pliers**
плотник	[ˈka:pɪntə]	*(кáпинта)*	**carpenter**
площадь	[skwɛə]	*(сквэ́а)*	**square**
плюшевый медвежонок	[ˈtedɪˈbɛə]	*(тэ́ди бэ́а)*	**teddy-bear**
пляж	[bi:tʃ]	*(бич)*	**beach**
пляжный мяч	[ˈbi:tʃˈbɔ:l]	*(бич бол)*	**beach ball**
повар	[kuk]	*(кук)*	**cook**
поводок	[li:d]	*(лид)*	**lead**
повязка	[ˈbændɪʤ]	*(бэ́ндидж)*	**bandage**
поганка	[ˈtəudstu:l]	*(тóудстул)*	**toadstool**
погремушка	[rætl]	*(рэтл)*	**rattle**
подарок	[ˈpreznt]	*(прэзнт)*	**present**
подбородок	[tʃɪn]	*(чин)*	**chin**
подвал	[ˈbeɪsmənt]	*(бэ́йзмэнт)*	**basement**
подводное плавание	[ˈdaɪvɪŋ]	*(дáйвинг)*	**diving**

подкова	[ˈhɔ:sʃu:]	*(хóсшу)*	**horseshoe**
поднос	[treɪ]	*(трэй)*	**tray**
пододеяльник	[slɪp]	*(слип)*	**slip**
подоконник	[ˈwɪndəuˈsɪl]	*(уи́ндоу сил)*	**window-sill**
подсвечник	[ˈkændlstɪk]	*(кэ́ндлстик)*	**candlestick**
подснежник	[ˈsnəudrɔp]	*(снóудроп)*	**snowdrop**
подсолнечное масло	[ɔɪl]	*(óил)*	**oil**
подсолнух	[ˈsʌnˈflauə]	*(сáнфлáуа)*	**sunflower**
подставка для утюга	[ˈaɪənwel]	*(áйен уэ́л)*	**iron well**
подстилка	[ˈflɔ:ˈkʌvərɪŋ]	*(фло кáвэринг)*	**floor covering**
подушка	[ˈpɪləu]	*(пи́лоу)*	**pillow**
поезд	[treɪn]	*(трэ́ин)*	**train**
пожарная машина	[ˈfaɪərˌenʤɪn]	*(фáя э́нджин)*	**fire-engine**
пожарный	[ˈfaɪəmən]	*(фáямэн)*	**fireman**
поздравление	[kənˌgrætjuˈleɪʃn]	*(кэнгрэ́тьюлэ́йшн)*	**congratulation**
покрывало	[ˈbedspred]	*(бэ́дспрэд)*	**bedspread**
покупка	[ˈpə:ʧəs]	*(пёчес)*	**purchase**
пол, этаж	[flɔ:]	*(фло)*	**floor**
полиграфист	[ˈpɔlɪˌgra:fɪkˈwə:kə]	*(пóлиграфик вёка)*	**polygraphic worker**

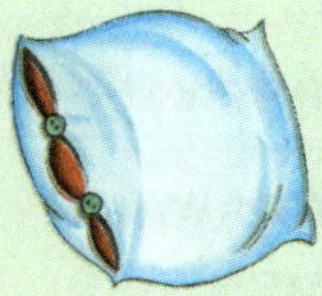

А Б В Г Д Е Ё Ж З И Й К Л М Н О П Р С Т У Ф Х Ц Ч Ш Щ Ь Ы Ъ Э Ю Я

политик	[ˌpɔlɪˈtɪʃən]	*(политúшэн)*	**politician**
полка	[ʃelf]	*(шелф)*	**shelf**
полка для белья	[ˈlɪnɪnʃelf]	*(лúниншэлф)*	**linen-shelf**
половик у двери	[ˈdɔːmæt]	*(дóмэт)*	**doormat**
половина	[hɑːf]	*(хаф)*	**half**
половник	[leɪdl]	*(лэйдл)*	**ladle**
полотенце	[ˈtauəl]	*(тáуэл)*	**towel**
полотенце-держатель	[ˈtauəlˈreɪl]	*(тáуэл рэ́ил)*	**towel rail**
полумесяц	[ˈkresnt]	*(крэснт)*	**crescent**
помидор	[təˈmɑːtəu]	*(тэмáтоу)*	**tomato**
понедельник	[ˈmʌndɪ]	*(мáнди)*	**Monday**
пончик	[ˈdəunʌt]	*(дóунат)*	**doughnut**
попка	[ˈbɔtəm]	*(бóтэм)*	**bottom**
попкорн	[ˈpɔpkɔːn]	*(пóпкорн)*	**popcorn**
попугай	[ˈpærət]	*(пэ́рэт)*	**parrot**
порог	[ˈθreʃhəuld]	*(фрэ́щоулд)*	**threshold**
поросёнок	[ˈpɪglət]	*(пúглэт)*	**piglet**
портной	[ˈteɪlə]	*(тэ́йла)*	**tailor**
портфель	[ˈskuːlbæg]	*(скýлбэг)*	**school bag**
постельное бельё	[ˈbedˌkləuðz]	*(бэд клóувз)*	**bed-clothes**

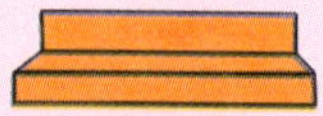
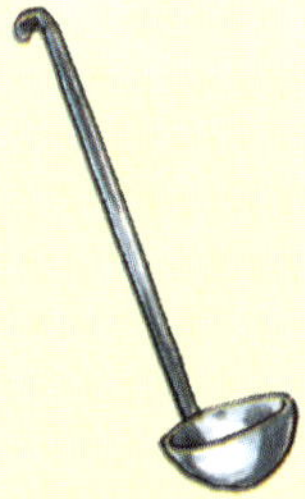

посудомоечная машина	[ˈdɪʃ,wɔʃə]	*(диш вóша)*	**dish washer**	
потолок	[ˈsi:lɪŋ]	*(сúлинг)*	**ceiling**	
почва	[sɔɪl]	*(сóил)*	**soil**	
почка	[bʌd]	*(бад)*	**bud**	
почта	[ˈpəust,ɔfɪs]	*(пóуст óфис)*	**post-office**	
почтальон	[ˈpəustmən]	*(пóустмэн)*	**postman**	
поэт	[ˈpəuɪt]	*(пóуит)*	**poet**	
прабабушка	[ˈgreɪtˈgrænd,mʌðə]	*(грэйт грэ́ндмаза)*	**greatgrandmother**	
прадедушка	[ˈgreɪtˈgrænd,fa:ðə]	*(грэйт грэ́ндфаза)*	**greatgrandfather**	
праздник	[ˈhɔlədɪ]	*(хóлэди)*	**holiday**	
президент	[ˈprezɪdənt]	*(прэ́зидэнт)*	**president**	
прикроватная тумбочка	[ˈbedsaɪdˈteɪbl]	*(бэ́дсайд тэйбл)*	**bedside table**	
прикроватный коврик	[ˈbedsaɪdˈrʌg]	*(бэ́дсайд раг)*	**bedside rug**	
прилавок	[ˈkauntə]	*(кáунта)*	**counter**	
примерочная	[ˈfɪtɪŋrum]	*(фúтинг рум)*	**fitting-room**	
прихватка	[ˈpɔtˈhəuldə]	*(пот хóулда)*	**pot holder**	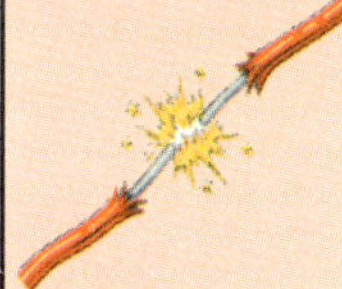
прицеп	[ˈtreɪlə]	*(трэ́йла)*	**trailer**	
пробирка	[ˈtesttju:b]	*(тэст тьюб)*	**test-tube**	
провод	[ˈwaɪə]	*(вáя)*	**wire**	

прогулочная коляска	[ˈbʌgɪ]	*(ба́ги)*	**buggy**	
продавец	[ˈʃɔpəˈsɪstənt]	*(шоп эси́стэнт)*	**shop assistant**	
проигрыватель	[ˈrekɔːdˈpleɪə]	*(рэ́код плэ́я)*	**record-player**	
простыня	[ʃiːt]	*(щи́ит)*	**sheet**	
противень	[ˈdrɪpɪŋˈpæn]	*(дри́пинг пэн)*	**dripping-pan**	
профессор	[prəˈfesə]	*(профэ́са)*	**professor**	
прыжки в длину	[ˈlɔŋˌʤʌmpɪŋ]	*(лонг джа́мпинг)*	**long-jumping**	
прямой угол	[ˈraɪtˈæŋgl]	*(райт энгл)*	**right angle**	
прямоугольник	[ˈrekˌtæŋgl]	*(рэктэ́нгл)*	**rectangle**	
прямые волосы	[ˈstreɪtˈheə]	*(стрэйт хэ́а)*	**straight hair**	
птица	[bəːd]	*(бёрд)*	**bird**	
птичье гнездо	[ˈbəːdznest]	*(бёрдз нэст)*	**bird's nest**	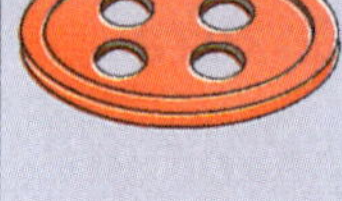
пуговица	[bʌtn]	*(батн)*	**button**	
пудинг	[ˈpudɪŋ]	*(пу́динг)*	**pudding**	
пурпурный	[ˈpəːpl]	*(пёпл)*	**purple**	
пуфик	[stuːl]	*(стул)*	**stool**	
пчела	[biː]	*(би)*	**bee**	
пылесос	[ˈvækjuəmˈkliːnə]	*(вэ́кьюэм кли́на)*	**vacuum cleaner**	
пятка	[hiːl]	*(хил)*	**heel**	

пятнадцать	[ˈfɪfˈtiːn]	*(фи́фтин)*	**fifteen**
пятница	[ˈfraɪdɪ]	*(фра́йди)*	**Friday**
пятно	[spɔt]	*(спот)*	**spot**
пятый	[fɪfθ]	*(фифс)*	**fifth**
пять	[faɪv]	*(файв)*	**five**
пятьдесят	[ˈfɪftɪ]	*(фи́фти)*	**fifty**
рабочий	[ˈwəːkə]	*(вёка)*	**worker**
рабочий день	[ˈwəːkɪŋˈdeɪ]	*(вёкинг дэй)*	**working day**
равнина	[pleɪn]	*(плэ́ин)*	**plain**
равно	[ˈiːkwəl]	*(и́квэл)*	**equal**
радио	[ˈreɪdɪəu]	*(рэ́йдио)*	**radio**
радиус	[ˈreɪdjəs]	*(рэ́йдьес)*	**radius**
радуга	[ˈreɪnbəu]	*(рэ́инбоу)*	**rainbow**
разделочная доска	[ˈʧɔpɪŋˈbɔːd]	*(чо́пинг борд)*	**chopping board**
ракета	[ˈrɔkɪt]	*(ро́кит)*	**rocket**
раковина	[sɪŋk]	*(синк)*	**sink**
ракушка	[ʃel]	*(шэл)*	**shell**
рама	[freɪm]	*(фрэ́им)*	**frame**
ранец	[ˈskuːlbæg]	*(скýлбэг)*	**school bag**
растение	[plaːnt]	*(плант)*	**plant**
расчёска	[kəum]	*(ком)*	**comb**

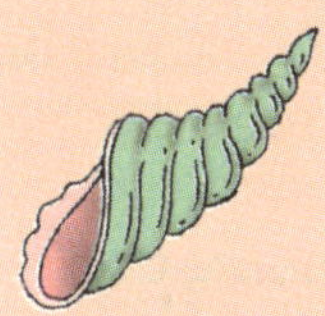

ребёнок	[ʧaɪld]	*(чайлд)*	**child**
регби	[ˈrʌgbɪ]	*(ра́гби)*	**rugby**
редактор	[ˈedɪtə]	*(э́дита)*	**editor**
редиска	[ˈrædɪʃ]	*(рэ́диш)*	**radish**
резиновые перчатки	[ˈrʌbəˌglʌvz]	*(ра́ба главз)*	**rubber gloves**
резиновые сапоги	[ˈwelɪŋtənˈbuːts]	*(вэ́лингтон бутс)*	**Wellington-boots**
река	[ˈrɪvə]	*(ри́ва)*	**river**
рекламный агент	[ˈædvətaɪzɪŋˈeɪʤənt]	*(э́дветайзинг э́йджэнт)*	**advertising agent**
ремень	[belt]	*(бэлт)*	**belt**
репа	[ˈtəːnɪp]	*(тёнип)*	**turnip**
ресницы	[ˈlæʃəz]	*(лэ́шез)*	**lashes**
реставратор	[rɪsˈtɔːrə]	*(ристо́ра)*	**restorer**
рис	[raɪs]	*(райс)*	**rice**
рисование	[ˈdrɔːɪŋ]	*(дро́инг)*	**drawing**
робот	[ˈrəubɔt]	*(ро́убот)*	**robot**
рог	[hɔːn]	*(хорн)*	**horn**
Рождество	[ˈkrɪsməs]	*(кри́смэс)*	**Christmas**
роза	[rəuz]	*(ро́уз)*	**rose**
розетка	[swɪʧ]	*(свич)*	**switch**
розовый	[pɪŋk]	*(пинк)*	**pink**

ролики	[ˈrəulə͵skeɪts]	*(ро́ула скейтс)*	**roller skates**
ролинг	[ˈrəulɪŋ]	*(ро́улинг)*	**rolling**
ромашка	[ˈdeɪzɪ]	*(дэ́йзи)*	**daisy**
ромб	[ˈdaɪəmənd]	*(да́ймэнд)*	**diamond**
рот	[mauθ]	*(ма́уф)*	**mouth**
рояль	[ˈgrændˈpja:nəu]	*(грэнд пья́ноу)*	**grand piano**
рубашка	[ʃə:t]	*(щёт)*	**shirt**
рубль	[ˈru:bl]	*(рубл)*	**rouble**
рука	[hænd]	*(хэнд)*	**hand**
рулетка	[ˈteɪp͵meʒə]	*(тэйп мэ́жа)*	**tape measure**
руль	[helm]	*(хэлм)*	**helm**
русский	[ˈrʌʃən]	*(ра́шэн)*	**russian**
ручей	[stri:m]	*(стрим)*	**stream**
ручка	[pen]	*(пэн)*	**pen**
ручка (дверная)	[ˈhændl]	*(хэндл)*	**handle**
рыба	[fɪʃ]	*(фиш)*	**fish**
рыболов	[ˈfɪʃəmən]	*(фи́шамэн)*	**fisherman**
рыжеволосая	[ˈred͵heəd]	*(рэд хэ́ад)*	**red-haired**
рынок	[ˈma:kɪt]	*(ма́кит)*	**market**
рюкзак	[ˈbæk͵pæk]	*(бэ́кпэк)*	**backpack**
садовник	[ˈga:dnə]	*(га́рдна)*	**gardener**

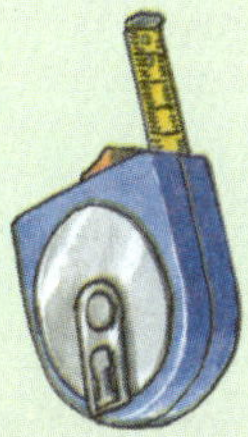

салат	[ˈsæləd]	*(сэ́лэд)*	**salad**
салат (листья)	[ˈletɪs]	*(лэ́тис)*	**lettuce**
салатовый	[ˈlaɪtˈgriːn]	*(лайт грин)*	**light green**
салфетка	[ˈnæpkɪn]	*(нэ́пкин)*	**napkin**
самовар	[ˈsæməvaː]	*(сэ́мэва)*	**samovar**
самокат	[ˈpuʃˈsaɪkl]	*(пуш сайкл)*	**push-cycle**
самолёт	[pleɪn]	*(плэ́ин)*	**plane**
сандалии	[ˈsændəlz]	*(сэ́ндэлз)*	**sandals**
сапоги	[buːts]	*(бутс)*	**boots**
сарай	[ʃed]	*(шэд)*	**shed**
сахар	[ˈʃugə]	*(щу́га)*	**sugar**
сахарница	[ˈʃugəˌbəul]	*(щу́га бо́ул)*	**sugar-bowl**
свёкла	[biːt]	*(бит)*	**beet**
светофор	[ˈtræfɪklaɪts]	*(трэ́фик лайтс)*	**traffic-lights**
свеча	[ˈkændl]	*(кендл)*	**candle**
свинья	[pɪg]	*(пиг)*	**pig**
свисток	[ˈwɪsl]	*(уи́сл)*	**whistle**
свитер	[ˈswetə]	*(свэ́та)*	**sweater**
священник	[priːst]	*(прист)*	**priest**
седьмой	[ˈsevenθ]	*(сэвнф)*	**seventh**
секатор	[ˌsekəˈtəːz]	*(сэкатёз)*	**secateurs**

секретарь	[ˈsekrətrɪ]	*(сэ́крэтри)*	**secretary**
сельдерей	[ˈselərɪ]	*(сэ́лэри)*	**celery**
семена	[siːdz]	*(сидз)*	**seeds**
семнадцать	[ˈsevnˈtiːn]	*(сэ́внтин)*	**seventeen**
семь	[sevn]	*(сэвн)*	**seven**
семьдесят	[ˈsevntɪ]	*(сэ́внти)*	**seventy**
семья	[ˈfæmɪlɪ]	*(фэ́мили)*	**family**
сентябрь	[sepˈtembə]	*(сэптэ́мба)*	**September**
сервант	[ˈsaɪdbɔːd]	*(са́йдборд)*	**sideboard**
сервировочный стол	[ˈsəːvɪŋˈteibl]	*(сёрвинг тэйбл)*	**serving table**
сердечко	[haːt]	*(харт)*	**heart**
сёрфинг	[ˈsəːfɪŋ]	*(сёрфинг)*	**surfing**
серый	[greɪ]	*(грэй)*	**grey**
сестра	[ˈsɪstə]	*(си́ста)*	**sister**
сетка безопасности	[ˈseɪftɪˈnet]	*(сэ́йфти нэт)*	**safety net**
синий	[bluː]	*(блю)*	**blue**
синица	[ˈtɪtmaus]	*(ти́тмаус)*	**titmouse**
сиреневый	[ˈlaɪlək]	*(ла́йлэк)*	**lilac**
сирень	[ˈlaɪlək]	*(ла́йлэк)*	**lilac**
скакалка	[ˈskɪpɪŋrəup]	*(скипинг ро́уп)*	**skipping-rope**
скалка	[ˈrəulɪŋpɪn]	*(ро́улинг пин)*	**rolling pin**

скамейка	[bentʃ]	*(бэнч)*	**bench**	
скат	[reı]	*(рэй)*	**ray**	
скатерть	[ˈteıblˌklɔθ]	*(тэ́йблклоф)*	**tablecloth**	
скворец	[ˈsta:lıŋ]	*(ста́рлинг)*	**starling**	
скейтборд	[ˈskeıtbɔ:d]	*(скéйтборд)*	**skateboard**	
сковорода	[ˈfraıŋpæn]	*(фра́инг пэн)*	**frying pan**	
скорая помощь	[ˈæmbjuləns]	*(э́мбьюлэнс)*	**ambulance**	
скорлупа	[ʃel]	*(шэл)*	**shell**	
скорпион	[ˈskɔ:pjən]	*(скóпьен)*	**scorpion**	
скотч	[ədˈhi:sıvˈteıp]	*(эдхи́сив тэйп)*	**adhesive tape**	
скрипка	[ˌvaıəˈlın]	*(ва́йэлин)*	**violin**	
слива	[plʌm]	*(плам)*	**plum**	
сливки	[kri:m]	*(крим)*	**cream**	
сливной бачок	[ˈsıstən]	*(си́стэн)*	**cistern**	
сложение	[əˈdıʃən]	*(эди́шн)*	**addition**	
сломанная нога	[ˈbrəukənˈleg]	*(брóукэн лэг)*	**broken leg**	
слон	[ˈelıfənt]	*(э́лифэнт)*	**elephant**	
служащий	[kla:k]	*(клак)*	**clerk**	
сметана	[ˈsauəˈkri:m]	*(са́уа крим)*	**sour-cream**	
снег	[snəu]	*(снóу)*	**snow**	
снеговик	[ˈsnəumən]	*(снóумэн)*	**snowman**	

Снегурочка	[ˈsnəumeɪdn]	*(сно́умэйдн)*	**snow-maiden**
сноуборд	[ˈsnəubɔ:d]	*(сно́уборд)*	**snowboard**
собака	[dɔg]	*(дог)*	**dog**
сова	[aul]	*(а́ул)*	**owl**
совок	[ˈdʌstpæn]	*(да́стпэн)*	**dustpan**
сок	[ˈʤu:s]	*(джюс)*	**juice**
сокол	[ˈfɔ:lkən]	*(фо́лкэн)*	**falcon**
солдат	[ˈsəulʤə]	*(со́лджа)*	**soldier**
солнечные очки	[ˈsʌnˌgla:sɪz]	*(са́нгла́сиз)*	**sunglasses**
соловей	[ˈnaɪtɪŋgeɪl]	*(на́йтингейл)*	**nightingale**
соломенная шляпка	[ˈstrɔ:hæt]	*(стро хэт)*	**straw hat**
солонка	[ˈsɔltˌselə]	*(солт сэ́ла)*	**salt-cellar**
соль	[sɔlt]	*(солт)*	**salt**
сом	[ˈkætfɪʃ]	*(кэ́тфиш)*	**cat-fish**
сорок	[ˈfɔ:tɪ]	*(фо́ти)*	**forty**
сорока	[ˈmægpaɪ]	*(мэ́гпай)*	**magpie**
сосиска, колбаса	[ˈsɔsɪʤ]	*(со́сидж)*	**sausage**
сосна	[ˈpaɪn]	*(пайн)*	**pine**

А Б В Г Д Е Ё Ж З И Й К Л М Н О П Р С Т У Ф Х Ц Ч Ш Щ Ь Ы Ъ Э Ю Я

сосновая иголка	[ˈpaɪn͵niːdl]	*(пайн нидл)*	**pine needle**	
сотейник	[ˈsɔːspən]	*(сóспэн)*	**saucepan**	
сотни	[ˈhʌndrɪdz]	*(хáндридз)*	**hundreds**	
соус	[sɔːs]	*(сос)*	**sauce**	
спагетти	[spəˈgetɪ]	*(спэгэ́ти)*	**spaghetti**	
спальня	[ˈbedruːm]	*(бэ́друм)*	**bedroom**	
спина	[bæk]	*(бэк)*	**back**	
спички	[mæʧɪz]	*(мэ́тчиз)*	**matches**	
спортивная гимнастика	[kəmˈpetɪtɪv ʤɪmˈnæstɪks]	*(кэмпэ́титив джимнэ́стикс)*	**competitive gymnastics**	
спортивная машина	[ˈreɪsɪŋkaː]	*(рэ́йсинг ка)*	**racing car**	
спортивный костюм	[ˈtræksjuːt]	*(трэ́ксьют)*	**tracksuit**	
спортсмен	[ˈspɔːtsmən]	*(спóртсмэн)*	**sportsman**	
среда	[ˈwenzdɪ]	*(вэ́нзди)*	**Wednesday**	
средний палец	[ˈmɪdlˈfɪŋgə]	*(мидл фи́нга)*	**middle finger**	
ставня	[ˈʃʌtə]	*(щáта)*	**shutter**	
стакан	[glaːs]	*(глас)*	**glass**	
стебель	[stem]	*(стэм)*	**stem**	
стёганое одеяло	[kwɪlt]	*(квилт)*	**quilt**	
стейк	[steɪk]	*(стэйк)*	**steak**	

стена	[wɔ:l]	*(уо́л)*	**wall**
стиральная машина	[ˈwɔʃɪŋməˈʃi:n]	*(уо́шинг мэши́н)*	**washing machine**
стиральный порошок	[ˈwɔʃɪŋˈpaudə]	*(уо́шинг па́уда)*	**washing powder**
сто	[ˈhʌndrid]	*(ха́ндрид)*	**hundred**
стол	[teɪbl]	*(тэ́йбл)*	**table**
столовая	[ˈdaɪnɪŋru:m]	*(да́йнинг рум)*	**dining-room**
страус	[ˈɔstrɪʧ]	*(о́стрич)*	**ostrich**
стрекоза	[ˈdrægənflaɪ]	*(дрэ́гонфлай)*	**dragon-fly**
стрельба	[ˈʃu:tɪŋ]	*(щу́тинг)*	**shooting**
стремянка	[ˈstepˌlædə]	*(стэ́плэ́да)*	**stepladder**
строитель	[ˈbɪldə]	*(би́лда)*	**builder**
стройка	[ˈbɪldɪŋˌsaɪt]	*(би́лдинг сайт)*	**building site**
студент, старшеклассник	[ˈstju:dənt]	*(стью́дэнт)*	**student**
стул	[ˈʧeə]	*(че́а)*	**chair**
ступенька	[stɛə]	*(стэ́а)*	**stair**
стюардесса	[ˈeəˈhɔstɪs]	*(э́архо́стис)*	**air hostess**
суббота	[ˈsætədɪ]	*(сэ́тади)*	**Saturday**
судья	[ʤʌʤ]	*(джадж)*	**judge**
сумка	[bæg]	*(бэг)*	**bag**
суп	[su:p]	*(сюп)*	**soup**

А Б В Г Д Е Ё Ж З И Й К Л М Н О П Р С Т У Ф Х Ц Ч Ш Щ Ь Ы Ъ Э Ю Я

супермаркет	[′sju:pə,ma:kɪt]	*(сьюпамакит)*	**supermarket**	
сушка для посуды	[′dɪʃ′dreɪnə]	*(диш дрэ́йна)*	**dish drainer**	
счётная доска	[′kauntɪŋ′freɪm]	*(ка́унтинг фрэ́им)*	**counting frame**	
сын	[sʌn]	*(сан)*	**son**	
сыр	[′ʧi:z]	*(чи́из)*	**cheese**	
таблетка	[pɪl]	*(пил)*	**pill**	
тазик	[′beɪsn]	*(бэйсн)*	**basin**	
такси	[′tæksɪ]	*(тэ́кси)*	**taxi**	
таксист	[′tæksɪ′draɪvə]	*(тэ́кси дра́йва)*	**taxi driver**	
танцовщик, танцовщица	[′da:nsə]	*(да́нса)*	**dancer**	
тапочки	[′slɪpəz]	*(сли́пэз)*	**slippers**	
тарелка	[pleɪt]	*(плэйт)*	**plate**	
тачка	[′wi:l,bærəu]	*(уи́лбэ́роу)*	**wheelbarrow**	
творог	[′fa:m,ʧi:z]	*(фарм чи́из)*	**farm cheese**	
театр	[′θɪətə]	*(фи́эта)*	**theatre**	
телевизор	[′ti:vi:,set]	*(ти́ви сэт)*	**TV set**	
телега	[ka:t]	*(карт)*	**cart**	
тележка	[′hændka:t]	*(хэнд карт)*	**hand-cart**	
телёнок	[ka:f]	*(каф)*	**calf**	
телефон	[′telɪfəun]	*(тэ́лифоун)*	**telephone**	

телефонная будка	[ˈtelɪfəunˈbu:θ]	*(тэ́лифоун буф)*	**telephone booth**
тело	[ˈbɔdɪ]	*(бо́ди)*	**body**
телохранитель	[ˈbɔdɪga:d]	*(бо́дигард)*	**bodyguard**
теннис	[ˈtenɪs]	*(тэ́нис)*	**tennis**
тенниска	[ˈpəuləˈʃə:t]	*(по́ло щёт)*	**polo shirt**
тёрка	[ˈgreɪtə]	*(грэ́йта)*	**grater**
термос	[ˈθə:mɔs]	*(фёмос)*	**thermos**
тесто	[ˈpeɪstrɪ]	*(пэ́йстри)*	**pastry**
тетрадь	[ˈkɔpɪbuk]	*(ко́пибук)*	**copybook**
тётя	[a:nt]	*(ант)*	**aunt**
тигр	[ˈtaɪgə]	*(та́йга)*	**tiger**
толкание ядра	[ˈʃɔtput]	*(що́тпут)*	**shotput**
тополь	[ˈpɔplə]	*(по́пла)*	**poplar**
топор	[æks]	*(экс)*	**axe**
торт	[keɪk]	*(кейк)*	**cake**
торшер	[ˈstændədˈlæmp]	*(стэ́ндэд лэмп)*	**standard lamp**
тост	[təust]	*(то́уст)*	**toast**
тостер	[ˈtəustə]	*(то́уста)*	**toaster**
точилка	[ˈʃa:pnə]	*(ща́пнэ)*	**sharpener**
точка	[pɔɪnt]	*(по́инт)*	**point**
трава	[gra:s]	*(грас)*	**grass**

трамвай	[træm]	*(трэм)*	**tram**
трапеция	[trəˈpi:zjəm]	*(трэпи́зьем)*	**trapezium**
третий	[θə:d]	*(фёд)*	**third**
треугольник	[ˈtraıæŋgl]	*(тра́йэнгл)*	**triangle**
трёхколёсный велосипед	[ˈtraısıkl]	*(тра́йсикл)*	**tricycle**
три	[θri:]	*(фри)*	**three**
тридцать	[ˈθə:tı]	*(фёти)*	**thirty**
тринадцать	[ˈθə:ˈti:n]	*(фётин)*	**thirteen**
троллейбус	[ˈtrɔlıbʌs]	*(тро́либас)*	**trolley-bus**
тропинка	[paθ]	*(паф)*	**path**
трос	[rəup]	*(ро́уп)*	**rope**
тротуар	[ˈpeıvmənt]	*(пэ́йвмэнт)*	**pavement**
труд (школьная дисциплина)	[ˈhændıkra:fts]	*(хэ́ндикрафтс)*	**handicrafts**
трусы	[pænts]	*(пэнтс)*	**pants**
тряпка	[ˈdʌstə]	*(да́ста)*	**duster**
туалет	[ˈtɔılıt]	*(то́йлит)*	**toilet**
туалетная бумага	[ˈtɔılıtˈpeıpə]	*(то́йлит пэ́йпа)*	**toilet paper**
туалетный коврик	[ˈtɔılıtˈka:pıt]	*(то́йлит ка́пит)*	**toilet carpet**
туалетный столик	[ˈdresıŋˈteıbl]	*(дрэ́синг тэйбл)*	**dressing-table**

тумбочка	[ˈʧestəvˈdrɔːəz]	*(чест оф дрóез)*	**chest of drawers**
тупой угол	[əbˈtjuːsˈæŋgl]	*(эбтьюс энгл)*	**obtuse angle**
туризм	[ˈhaɪkɪŋ]	*(хáйкинг)*	**hiking**
туфли, ботинки	[ʃuːz]	*(щуз)*	**shoes**
туча	[klaud]	*(клáуд)*	**cloud**
тыква	[ˈpʌmpkɪn]	*(пáмпкин)*	**pumpkin**
тысяча	[ˈθauzənd]	*(фáузэнд)*	**thousand**
тюлень	[siːl]	*(сил)*	**seal**
тюльпан	[ˈtjuːlɪp]	*(тьюлип)*	**tulip**
тяжёлая атлетика	[ˈhevɪæθˌletɪks]	*(хэ́ви эфлэ́тикс)*	**heavy athletics**
уборщица	[ˈkliːnə]	*(кли́на)*	**cleaner**
угорь	[iːl]	*(и́ил)*	**eel**
указатель	[ˈgaɪdˌsaɪn]	*(гайд сайн)*	**guide sign**
указательный палец	[ˈɪndeksˈfɪŋgə]	*(и́ндэкс фи́нга)*	**index finger**
указка	[ˈpɔɪntə]	*(пóинта)*	**pointer**
укроп	[dɪl]	*(дил)*	**dill**
укротитель	[ˈteɪmə]	*(тэ́йма)*	**tamer**
улитка	[sneɪl]	*(снэ́ил)*	**snail**
улица	[striːt]	*(стрит)*	**street**
уличный фонарь	[ˈstriːtˈlæmp]	*(стрит лэмп)*	**street lamp**

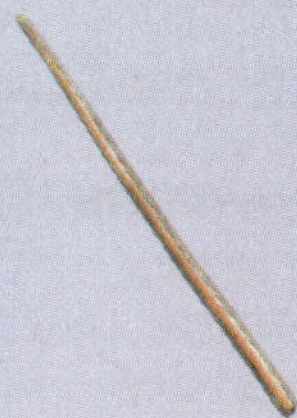

умножение	[ˌmʌltɪplɪˈkeɪʃən]	*(мáлтипликéйшн)*	**multiplication**
умывальник	[ˈwɔʃˈbeɪsn]	*(уóш бэйсн)*	**wash basin**
университет	[ˌjuːnɪˈvəːsɪtɪ]	*(юнивёсити)*	**university**
унитаз	[ˈtɔɪlɪt]	*(тóйлит)*	**toilet**
упаковка	[ˈræpɪŋ]	*(рэ́пинг)*	**wrapping**
урок	[lesn]	*(лэсн)*	**lesson**
усы	[məsˈtaːʃ]	*(мустáш)*	**moustache**
утёнок	[ˈdʌklɪŋ]	*(дáклинг)*	**duckling**
утка	[dʌk]	*(дак)*	**duck**
утюг	[ˈaɪən]	*(áйен)*	**iron**
ухо	[ɪə]	*(úа)*	**ear**
учебник	[ˈtekstbuk]	*(тэ́кстбук)*	**textbook**
ученик	[ˈpjuːpl]	*(пьюпл)*	**pupil**
учёный	[ˈsaɪəntɪst]	*(сáйнтист)*	**scientist**
учитель	[ˈtiːʧə]	*(тúча)*	**teacher**
фара	[ˈhedlaɪt]	*(хэ́длайт)*	**headlight**
фартук	[ˈeɪprən]	*(э́йпрэн)*	**apron**
фасоль	[biːnz]	*(бинз)*	**beans**
февраль	[ˈfebruərɪ]	*(фэ́бруэри)*	**February**
фен	[ˈheədraɪə]	*(хэ́адрáйа)*	**hairdryer**
фермер	[ˈfaːmə]	*(фáма)*	**farmer**

фехтование	[ˈfensɪŋ]	*(фэ́нсинг)*	**fencing**
фиалка	[ˈvaɪəlɪt]	*(ва́элит)*	**violet**
фигурное катание	[ˈfɪgəˌskeɪtɪŋ]	*(фи́га скéйтинг)*	**figure skating**
физкультура	[ʤɪm]	*(джим)*	**gym**
филин	[ˈi:glˈaul]	*(игл а́ул)*	**eagle-owl**
фиолетовый	[ˈvaɪəlɪt]	*(ва́элит)*	**violet**
флаг	[flæg]	*(флэг)*	**flag**
флакон духов	[ˈpə:fju:mˈbɔtl]	*(пёфьюм ботл)*	**perfume bottle**
флейта	[flu:t]	*(флют)*	**flute**
фломастеры	[ˈsɔfttɪpˈpenz]	*(со́фттип пэнз)*	**soft-tip pens**
форма для выпечки	[ˈkeɪktɪn]	*(кéйктин)*	**cake tin**
форма для пирога	[ˈsprɪŋˈfɔ:m]	*(спри́нгформ)*	**spring form**
фотограф	[fəˈtɔgrəfə]	*(фэто́грэфа)*	**photographer**
фотография	[ˈfəutəgra:f]	*(фо́утэграф)*	**photograph**
фруктовый салат	[ˈfru:tˈsæləd]	*(фрут сэ́лэд)*	**fruit salad**
фруктовый сок	[ˈfru:tˈʤu:s]	*(фрут джюс)*	**fruit juice**
фургон	[ˈkærəvæn]	*(кэ́рэвэн)*	**caravan**
футбол	[ˈfutbɔ:l]	*(фу́тбол)*	**football**

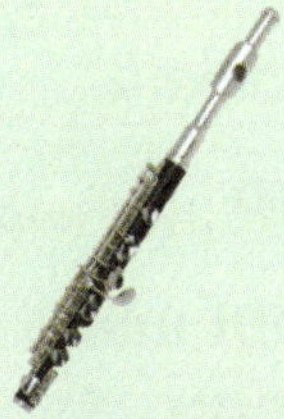

футболка	[ˈtiːʃəːt]	*(ти щёт)*	**T-shirt**	
халат	[ˈbɑːθrəub]	*(бáфроуб)*	**bathrobe**	
хвост	[teɪl]	*(тэ́ил)*	**tail**	
хирург	[ˈsəːʤən]	*(сёджэн)*	**surgeon**	
хлеб	[bred]	*(брэд)*	**bread**	
хлебница	[ˈbredˈbɑːskɪt]	*(брэд бáскит)*	**bread basket**	
хлопья	[ˈsɪərɪəl]	*(си́риэл)*	**cereal**	
хлыст	[wɪp]	*(уи́п)*	**whip**	
хозяин	[ˈhəust]	*(хóуст)*	**host**	
хоккей	[ˈhɔkɪ]	*(хóки)*	**hockey**	
холодильник	[frɪʤ]	*(фридж)*	**fridge**	
холодная вода	[ˈkəuldˈwɔːtə]	*(кóулд вóта)*	**cold water**	
хомяк	[ˈhæmstə]	*(хэ́мста)*	**hamster**	
хорёк	[ˈpəulkæt]	*(пóулкэт)*	**polecat**	
хризантема	[krɪˈsænθəməm]	*(крисэ́нфэмэм)*	**chrysanthemum**	
художественная гимнастика	[ˈfriːˌkælɪsˈθenɪks]	*(фри кэлисфэ́никс)*	**free callisthenics**	
художник	[ˈpeɪntə]	*(пэ́инта)*	**painter**	
хурма	[pəːˈsɪmən]	*(пёси́мон)*	**persimmon**	
Хэллоуин	[ˈhæləuˈiːn]	*(хэ́лоуин)*	**Halloween**	
цапля	[ˈherən]	*(хэ́рэн)*	**heron**	

цветная капуста	[ˈkɔlɪflauə]	*(ко́лифла́уа)*	**cauliflower**
цветной мелок	[ˈkreɪən]	*(крэ́йэн)*	**crayon**
цветные карандаши	[ˈkʌləd'penslz]	*(ка́лэд пэ́нсилз)*	**coloured pencils**
цветок	[ˈflauə]	*(фла́уа)*	**flower**
цветочный горшок	[ˈflauəpɔt]	*(фла́уапот)*	**flower pot**
цветочный ящик	[ˈwɪndəu,bɔks]	*(уи́ндоу бокс)*	**window box**
ценник	[ˈpraɪslɪst]	*(пра́йслист)*	**price-list**
цепь	[ʧeɪn]	*(че́ин)*	**chain**
церковь	[ʧə:ʧ]	*(чёч)*	**church**
цирк	[ˈsə:kəs]	*(сёкэс)*	**circus**
циркуль	[ˈkʌmpəsɪz]	*(ка́мпэсиз)*	**compasses**
цыплёнок	[ˈʧɪkɪn]	*(чи́кин)*	**chicken**
чай	[ti:]	*(ти)*	**tea**
чайка	[ˈsi:gʌl]	*(си́гал)*	**sea-gull**
чайная ложка	[ˈti:spun]	*(ти́ спун)*	**tea spoon**
чайник	[ketl]	*(кетл)*	**kettle**
чайник заварочный	[ˈti:pɔt]	*(ти пот)*	**tea-pot**
часовая стрелка	[ˈauəhænd]	*(а́уа хэнд)*	**hour hand**
часы	[klɔk]	*(клок)*	**clock**

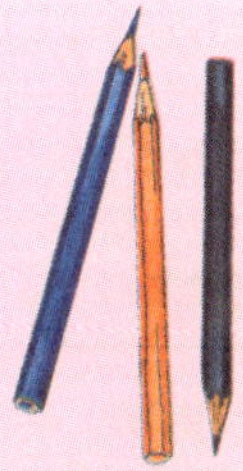

А Б В Г Д Е Ё Ж З И Й К Л М Н О П Р С Т У Ф Х Ц **Ч** Ш Щ Ь Ы Ъ Э Ю Я

чашка	[kʌp]	*(кап)*	**cup**	
чек	[ʧek]	*(чек)*	**cheque**	
червяк	[wə:m]	*(вёрм)*	**worm**	
чердак	[ˈætɪk]	*(э́тик)*	**attic**	
черепаха	[ˈtɔ:təs]	*(то́тэс)*	**tortoise**	
чёрная смородина	[ˈblækˈkʌrənts]	*(блэк ка́рэнтс)*	**black currants**	
черника	[ˈbɪlbərɪz]	*(би́лбэриз)*	**bilberries**	
чёрный	[blæk]	*(блэк)*	**black**	
четверг	[ˈθə:zdɪ]	*(фёзди)*	**Thursday**	
четвёртый	[fɔ:θ]	*(фоф)*	**fourth**	
четверть	[ˈkwɔ:tə]	*(кво́та)*	**quarter**	
чётные числа	[ˈi:vən,nʌmbəz]	*(и́вэн на́мбэз)*	**even numbers**	
четыре	[fɔ:]	*(фо)*	**four**	
четырнадцать	[ˈfɔ:ˈti:n]	*(фо́тин)*	**fourteen**	
чешуя	[skeɪl]	*(скейл)*	**scale**	
чипсы	[ʧɪps]	*(чипс)*	**chips**	
чтение	[ˈri:dɪŋ]	*(ри́динг)*	**reading**	
чулок	[ˈstɔkɪŋ]	*(сто́кинг)*	**stocking**	
шампунь	[ʃæmˈpu:]	*(шэмпу́)*	**shampoo**	
шар, сфера	[sfɪə]	*(сфи́э)*	**sphere**	

шарф	[ska:f]	*(скаф)*	**scarf**
шатен	[ˈbraun,heəd]	*(бра́ун хэ́ад)*	**brown-haired**
шахматы	[ʧes]	*(чес)*	**chess**
шахтёр	[ˈmaɪnə]	*(ма́йна)*	**miner**
шашлык	[ˈʃaʃlɪk]	*(ша́шлик)*	**shashlik**
шезлонг	[ˈdekʧeə]	*(дэк че́а)*	**deck-chair**
шест	[ˈpəul]	*(по́ул)*	**pole**
шестнадцать	[ˈsɪksˈti:n]	*(си́кстин)*	**sixteen**
шестой	[sɪksθ]	*(сиксф)*	**sixth**
шесть	[sɪks]	*(сикс)*	**six**
шестьдесят	[ˈsɪkstɪ]	*(си́ксти)*	**sixty**
шея	[nek]	*(нэк)*	**neck**
шишка	[kəun]	*(ко́ун)*	**cone**
шкафчик для ванной	[ˈba:θrumˈkæbɪnɪt]	*(ба́фрум кэ́бинит)*	**bathroom cabinet**
школа	[sku:l]	*(скул)*	**school**
школьник	[ˈsku:lbɔɪ]	*(ску́лбой)*	**schoolboy**
школьники	[ˈsku:lˈʧɪldrən]	*(ску́лчи́лдрэн)*	**schoolchildren**
школьница	[ˈsku:lgə:l]	*(ску́лгёл)*	**schoolgirl**
шланг	[ˈhəuzpaɪp]	*(хо́узпайп)*	**hosepipe**
шляпка	[hæt]	*(хэт)*	**hat**

6

шмель	[ˈbʌmblbiː]	*(ба́мблби)*	**bumble-bee**	
шнур	[keɪbl]	*(кейбл)*	**cable**	
шнурки	[ˈleɪsɪz]	*(лэ́йсиз)*	**laces**	
шоколад	[ˈʧɔkəlɪt]	*(чо́кэлит)*	**chocolate**	
шорты	[ʃɔːts]	*(щётс)*	**shorts**	
шприц	[ˈsɪrɪnʤ]	*(си́риндж)*	**syringe**	
штопор	[ˈkɔkskruː]	*(ко́кскрю)*	**corkscrew**	
шторы	[kəːtnz]	*(кётнз)*	**curtains**	
шуба	[ˈfəːˈkəut]	*(фё ко́ут)*	**fur-coat**	
шуруп	[skruː]	*(скрю)*	**screw**	
щека	[ʧiːk]	*(чик)*	**cheek**	
щенок	[ˈpʌpɪ]	*(па́пи)*	**puppy**	
щётка	[brʌʃ]	*(браш)*	**brush**	
щётка для волос	[ˈheəbrʌʃ]	*(хэ́абраш)*	**hair brush**	
щука	[paɪk]	*(пайк)*	**pike**	
эколог	[ɪˈkɔləʤɪst]	*(ико́лэджист)*	**ecologist**	
экскаватор	[ˈekskəveɪtə]	*(э́кскавэйта)*	**excavator**	
экскурсовод	[gaɪd]	*(гайд)*	**guide**	
электрик	[ɪləkˈtrɪʃən]	*(илэктри́шэн)*	**electrician**	
юбка	[skəːt]	*(скёт)*	**skirt**	
юла	[ˈspɪnɪŋˈtɔp]	*(спи́нинг топ)*	**spinning top**	

яблоко	[æpl]	*(эпл)*	**apple**	
ягнёнок	[læm]	*(лэм)*	**lamb**	
ягода	[berɪ]	*(бэ́ри)*	**berry**	
язык	[tʌŋ]	*(танг)*	**tongue**	
яичница-глазунья	[ʹfraɪdʹegz]	*(фрайд эгз)*	**fried eggs**	
яйцо	[eg]	*(эг)*	**egg**	
январь	[ʹʤænjuərɪ]	*(джэ́ньюэри)*	**January**	
яхта	[jɔt]	*(йот)*	**yacht**	
ящерица	[ʹlɪzəd]	*(ли́зэд)*	**lizard**	
ящик выдвижной	[ʹdrɔːə]	*(дро́э)*	**drawer**	

Справочное издание

Г.П. Шалаева

Русско-английский словарик в картинках для начальной школы

Редактор *Е. Ситникова*
Верстка *Р. Артёмова*
Художник *В. Долгова*

© ООО «Филологическое общество “СЛОВО”», 2009
© ООО «Филологическое общество “СЛОВО”», оформление, 2009

Общероссийский классификатор продукции
ОК-005-93, том 2, 953000 - книги, брошюры

Книжные магазины изд-ва «Филол. о-во “СЛОВО”» (в Москве):
- 2-я Пугачевская, 10, к. 1 (м. Преображенская)
- Ватутина ул., 13, к.1 (м. Кунцевская), т. 444-40-10
- Доватора ул., 6/6, к.8, стр.3 (м. Спортивная), т. 248-39-24
- Ленинский пр-т, 148 (м. Юго-Западная), т. 433-66-66
- Тихвинская ул., 17, стр.1 (м. Савеловская), т. 978-08-85
- Чертановская ул., 45а, к. 1 (м. Чертановская)
- Шипиловский пр-д, 39, к.1 (м. Орехово), т. 343-44-37

ООО «Филологическое общество “СЛОВО”»
Лицензия ЛР№061646 от 05.12.97
121357, Москва, ул. Ватутина, д. 13, к. 1
E-mail: slovo@df.ru
www.slovobook.ru

ООО «Издательство АСТ»
127006, г. Москва, ул. Садовая-Триумфальная, д. 16, стр. 3, пом. 1, ком. 3
E-mail: astpub@aha.ru
www.ast.ru

Издано при участии ООО «Харвест». ЛИ № 02330/0494377 от 16.03.2009.
Республика Беларусь, 220013, г. Минск, ул. Кульман, д. 1, корп. 3, эт. 4, к. 42.
E-mail редакции: harvest@anitex.by

ООО «Принтхаус». ЛП №02330/0552738 от 02.02.2010.
Республика Беларусь, 220015, г. Минск, ул. Одоевского, 117, 8 этаж, комн. 11.

Подписано в печать с готовых диапозитивов 24.06.2013 г.
Формат 70x90 1/16. Бумага офсетная. Печать офсетная.
Усл. печ. л. 4,68. Тираж 5000 экз. Заказ 271.